PETITS CLASSIQUES

LAROUSSE

Collection fondée par Fé

9.95

D0728129

Le Malade imaginaire

MOLIÈRE

comédie-ballet

Édition présentée,
annotée et commentée
par
Jean-François CASTILLE
Agrégé de Lettres modernes

www.petitsclassiques.com

SOMMAIRE

Avant d'aborder le texte

Le Malade imaginaire
MOLIÈRE

Comment lire l'œuvre

Avant d'aborder le texte

Le Malade imaginaire

Genre : comédie-ballet.

Auteur : Molière.

Compositeur : Marc Antoine Charpentier (1634-1704). Il collabore également avec Molière pour *Le Mariage forcé* et *La Comtesse d'Escarbagnas*.

Structure : 1 prologue, 3 actes et 3 intermèdes.

> • **Prologue :** spectacle chanté et dansé qui introduit la pièce. Les thèmes du prologue peuvent n'avoir aucun rapport avec l'intrigue qui va suivre.
> • **Intermède :** ballet placé entre les actes d'une pièce de théâtre.

Principaux personnages : Argan, Béline, Angélique, Cléante, Béralde, Toinette.

Sujet : Cette ultime comédie de Molière est à la fois une satire du monde des médecins et l'étude du cas moral posé par un respectable bourgeois, Argan, qui s'imagine être un grand malade. Après l'obsession du cocuage avec Arnolphe *(L'École des femmes)*, l'obsession de la dévotion avec Orgon *(Le Tartuffe)*, ou de l'argent avec Harpagon *(L'Avare)*, voici celle de la maladie et des médecins avec Argan. Les extravagances de ces maniaques pourraient n'être que dérisoires et comiques si elles n'engendraient pas des formes d'aveuglement et de folie plus inquiétantes : comme Orgon, le malade imaginaire s'apprête non seulement à contraindre sa fille à épouser contre son gré un médecin, mais également à spolier ses propres enfants de leur héritage légitime au profit de sa seconde femme, Béline, intrigante sans scrupule appâtée par le gain. Fort heureusement, le dénouement fera triompher le bon sens et le rire salutaire, comme dans toute grande comédie.

1re représentation : le 10 février 1673, Molière et la troupe du roi donnent la première de la comédie-ballet *Le Malade imaginaire*, devant le public de la salle du Palais-Royal. Outre les comédiens, le spectacle comporte 12 musiciens et 12 danseurs. La première est un grand succès, bientôt suivi de trois autres représentations triomphales, les 12, 14 et 17 février. C'est à l'issue de cette quatrième représentation que Molière trouve la mort.

Le Malade imaginaire, *tapisserie de Beauvais, tissée en 1732 d'après un carton de Jean-Baptiste Oudry (1686-1755). Collection particulière.*

MOLIÈRE
(1622-1673)

L'enfance de Jean-Baptiste Poquelin
1622

Le 15 janvier, est baptisé à Saint-Eustache Jean (prénommé plus tard Jean-Baptiste pour le distinguer d'un frère cadet), fils de Jean Poquelin, tapissier du roi, et de Marie Cressé.

1632

Âgé de dix ans, Jean-Baptiste perd sa mère. L'année suivante, Jean Poquelin épouse Catherine Fleurette, qui disparaîtra trois ans plus tard. Gardons-nous de rapprochements trop hâtifs entre la figure du père de Molière et les personnages d'Orgon dans *Le Tartuffe* et d'Argan dans *Le Malade imaginaire*, tous deux également remariés.

1637

Jean Poquelin assure à son fils Jean-Baptiste la survivance de sa charge de tapissier ordinaire du roi. (Cet office, transmissible par héritage ou par vente, assurait à son possesseur le privilège de fournir et d'entretenir une partie du mobilier royal ; Jean Poquelin n'était évidemment pas le seul à posséder une telle charge.)

Les études
1639

Jean-Baptiste achève, brillamment semble-t-il, ses humanités et ses deux années de philosophie au collège jésuite de Clermont.

1642

Il obtient sa licence en droit à Orléans. C'est de cette époque que daterait sa fréquentation des milieux du « libertinage érudit ». Il noue des liens avec Cyrano de Bergerac, Chapelle, Bernier, et prend connaissance des thèses du gassendisme. Avocat peu zélé, il ne fréquente le barreau que pendant cinq mois.

Grandeur et décadence de L'Illustre Théâtre

1643

Jean-Baptiste renonce à l'office de tapissier du roi. Il est hébergé par une famille proche des milieux du théâtre, les Béjart, qui habitent rue de la Perle. S'étant lié avec la comédienne Madeleine Béjart (1618-1672), il fonde avec elle, le 16 juin, par devant notaire, une troupe qui portera le nom d'Illustre Théâtre, et dont Madeleine prendra la direction à ses débuts.

1644

Jean-Baptiste adopte Molière comme nom de théâtre. Il prend la direction de la troupe (28 juin). Depuis le 1er janvier, l'Illustre Théâtre, qui jouit de la protection de Gaston d'Orléans, se produit dans des salles de jeu de paume désaffectées.

1645

Harcelée par les créanciers et accumulant les insuccès, la troupe fait faillite. Molière est incarcéré au Châtelet pour dettes, puis relâché après quelques jours.

La troupe itinérante

1645

L'Illustre Théâtre quitte Paris pour la province, et fusionne avec la troupe de Charles Dufresne, qui jouit de la protection du gouverneur de la Guyenne.

1645-1650

La troupe du gouverneur de la Guyenne se produit dans la région bordelaise et dans les provinces voisines. Son passage est signalé à Toulouse, Albi, Carcassonne, Agen (1647), à Nantes (1648), à Narbonne et Agen (1649), puis à Lyon (1650).

1650-1653

La troupe, dont Molière a repris la direction, perd son protecteur.

1653-1657

Période faste : la troupe parvient à se placer sous la protection du prince de Conti, et se déplace dans plusieurs cités du Languedoc, province dont Conti est le gouverneur. Son répertoire : quelques tragédies de Corneille et des farces de tradition italienne. Cette période privilégiée permet à Molière de mûrir son art d'auteur dramatique. Il écrit des farces (*La Jalousie du Barbouillé*, *Le Médecin volant*, et sans doute beaucoup d'autres aujourd'hui perdues) et des comédies : *L'Étourdi* (Lyon, 1655), *Le Dépit amoureux* (Béziers, 1656). Survient alors un revirement imprévisible : brusquement converti à la morale austère et intransigeante des dévots de la Compagnie du Saint-Sacrement, société religieuse farouchement hostile aux spectacles et aux divertissements, Conti retire sa protection à la troupe de Molière.

1658

Protection du gouverneur de Normandie, puis de Monsieur. La « Troupe de Monsieur, frère unique du Roi » se produit pour la première fois devant Louis XIV et la cour. Le grand succès remporté par *Le Docteur amoureux* (divertissement qui tient de la farce dont le texte est aujourd'hui perdu) vaut à la troupe d'être installée dans la salle du Petit-Bourbon, où elle jouera en alternance avec Scaramouche et les comédiens italiens. C'est la consécration.

Les premiers succès parisiens

1659

Premier triomphe avec *Les Précieuses ridicules* (18 novembre), brillante comédie satirique en un acte qui tourne en dérision la mode de la préciosité en la caricaturant.

1660

Début de la carrière d'auteur : Molière publie *Les Précieuses ridicules* (29 janvier). 28 mai : première apparition du personnage de Sganarelle, préfiguration d'Arnolphe de *L'École des femmes*, dans une comédie importante, *Sganarelle ou le Cocu imaginaire*.

1661

La salle du Petit-Bourbon ayant été démolie pour permettre l'édification de la colonnade du Louvre, la troupe est désormais installée au théâtre du Palais-Royal. Échec de *Dom Garcie de Navarre*, comédie héroïque (4 février), suivi par le beau succès de *L'École des maris* (24 juin), comédie en trois actes où l'on retrouve le personnage de Sganarelle, toujours interprété par Molière. Il crée pour le surintendant Fouquet sa première comédie-ballet, *Les Fâcheux* (17 août), dans les jardins de Vaux-le-Vicomte.

Molière et ses ennemis

1662

Molière épouse Armande Béjart (sœur ou fille de son ancienne compagne Madeleine), de vingt ans sa cadette. 2 décembre : triomphe de *L'École des femmes* avec Molière dans le rôle d'Arnolphe.

1663

Déclenchement de la querelle de *L'École des femmes*. La pièce de Molière est accusée de donner une image dégradée du théâtre. La publication du recueil de Donneau de Visé, *Les Nouvelles nouvelles*, qui recense les défauts de la pièce incite Molière à répondre par deux comédies : *La Critique de l'École des femmes* (1er juin) dans laquelle il brosse un portrait satirique de ses détracteurs, puis *L'Impromptu de Versailles* (octobre), donnée devant le roi, qui met Molière lui-même en scène avec sa troupe.

1664

Naissance du premier fils de Molière, Louis, dont le parrain est le roi lui-même. 1re représentation de la comédie-ballet, *Le Mariage forcé* (29 janvier). Du 6 au 13 mai, participation aux fêtes appelées « Les plaisirs de l'île enchantée ». 8 mai : *La Princesse d'Élide*. 12 mai : Molière donne à Versailles trois actes de sa nouvelle pièce *Le Tartuffe*. L'événement fait scandale dans les milieux dévots. 17 mai : interdiction des représentations publiques. Le 20 juin, la troupe donne la première tragédie de Racine, *La Thébaïde*. Premier placet adressé au roi pour lui demander la levée de la censure pesant sur *Tartuffe*.

1665

15 février : *Dom Juan*. En dépit du succès des quinze représentations, Molière, harcelé par les dévots, retire sa pièce. 14 août : la « Troupe de Monsieur » devient « Troupe du roi » et sera gratifiée par Louis XIV d'une pension de 7 000 livres. 15 septembre : première de *L'Amour médecin*. Brouille avec Racine, qui retire à Molière sa deuxième tragédie, *Alexandre*, pour la donner à l'Hôtel de Bourgogne. 29 décembre 1665-21 février 1666 : 55 jours de relâche en raison d'une aggravation de l'état de santé de Molière.

1666

23 mars : parution des œuvres de Molière en deux volumes. 4 juin : *Le Misanthrope*. 6 août : *Le Médecin malgré lui*. 2 décembre : *Mélicerte*, pour les fêtes de Saint-Germain.

1667

Suite des fêtes de Saint-Germain : *La Pastorale comique* remplace *Mélicerte* dans le *Ballet des Muses*. 14 avril : le *Ballet des Muses* s'enrichit de la comédie-ballet *Le Sicilien ou l'Amour peintre*. 5 août : unique représentation de *Panulphe ou l'Imposteur* (2ᵉ version du *Tartuffe*), qui est interdite de toute représentation publique ou privée. Deuxième placet adressé au roi pour la défense du *Tartuffe*.

1668

13 janvier : *Amphitryon*. 18 juillet : *George Dandin*. 9 septembre : *L'Avare*.

1669

Très grand succès de la troisième version du *Tartuffe*, enfin autorisée (5 février). 6 octobre : *Monsieur de Pourceaugnac*, comédie-ballet donnée à Chambord.

Les dernières œuvres
1670

30 janvier : *Les Amants magnifiques*, comédie-ballet.
14 octobre : *Le Bourgeois gentilhomme*.

1671

1ᵉʳ janvier : première de *Psyché*, tragédie-ballet en collaboration avec Corneille, Quinault et Lully, devant le roi dans la salle des machines des Tuileries. Molière fait aménager la salle du Palais-Royal pour y donner des pièces à machines et musique. 24 mai : *Les Fourberies de Scapin*. 2 décembre : *La Comtesse d'Escarbagnas*, comédie-ballet.

1672

Mort de Madeleine Béjart (1ᵉʳ février). *Les Femmes savantes* (11 mars). Lully obtient du roi le privilège de toutes les représentations théâtrales chantées et dansées (29 mars). Protestation de Molière qui se brouille avec le musicien favori de Louis XIV.

1673

10 février : première du *Malade imaginaire*. Saisi d'un malaise en cours de représentation, Molière meurt dans la nuit du 17 février. Les comédiens n'ayant pas droit à une sépulture chrétienne, le roi use de son influence auprès de l'archevêque : Molière est inhumé de nuit au cimetière Saint-Joseph.

CONTEXTES

La guerre de Hollande

Dans le prologue de notre pièce, il est fait allusion à un événement qui place la figure du roi au centre du théâtre de l'histoire. Monarque conquérant et belliqueux, Louis XIV a pour objectif primordial d'affirmer partout sa gloire et son rayonnement. Désireux d'imposer sa suprématie dès les premières années de son règne, il s'emploie à soumettre l'Espagne (guerre de Dévolution de 1667 à 1668). Puis viendra le tour des Provinces-Unies (avec à leur tête la Hollande) dont la formidable puissance économique et militaire (depuis la signature de la Triple-Alliance) freine et menace la politique expansionniste du souverain français. Après quatre ans de préparation, les hostilités sont déclenchées en 1672. Forts de 120 000 hommes, Turenne et Condé envahissent les Pays-Bas. À seule fin d'enrayer l'inexorable progression de l'ennemi qui s'apprête à s'emparer d'Amsterdam, les Hollandais, sacrifiant terres et cultures, prennent la résolution d'ouvrir les digues qui défendaient leur pays contre la mer. En vain, puisque le dénouement de ce conflit voit Louis XIV l'emporter sur son jeune ennemi Guillaume d'Orange.

Culture et idéologie : le clientélisme

Maître de la scène politique et historique, Louis XIV l'est aussi de la scène théâtrale. Comme Richelieu et Mazarin l'avaient fait avant lui, il s'attache à développer un système de clientélisme en devenant le protecteur des écrivains et des artistes les plus talentueux du royaume. Il achète ainsi leur fidélité par des pensions alléchantes et dispose d'un contrôle idéologique sur l'ensemble des productions artistiques. Après Chapelain, Molière, Boileau, Racine, mais aussi Lully doivent mettre leur art au service du pouvoir et exalter l'image glorieuse du souverain. Ces lourdes contraintes idéologiques n'étouffent pas pour autant le génie et l'invention du créateur. Il semble au contraire que le mécénat royal ait contribué à stimuler l'originalité des artistes. Du reste, les satires de Molière ont toujours eu en Louis XIV un allié bienveillant.

Vers un théâtre à grand spectacle

Parallèlement à l'évolution des conditions matérielles de l'écrivain, un autre type d'évolution voit la scène théâtrale s'ouvrir à de nouvelles formes de spectacle.

Moins prestigieuse — donc moins subventionnée — que sa concurrente de l'Hôtel de Bourgogne, la troupe du théâtre du Marais, alors qu'elle était menacée de disparaître dans les années 1650, dut renoncer au répertoire traditionnel et s'orienter vers des productions à grand spectacle pour attirer le public. En cela, elle ne faisait qu'imiter les hommes de théâtre italiens qui étaient passés maîtres dans l'art des spectacles féériques et des mises en scène d'opéra fastueuses, popularisées en France par Mazarin. Il s'agissait de représentations fort coûteuses avec chants, accompagnements d'orchestre et danses, mobilisant un grand nombre de figurants ainsi que des décors et des costumes somptueux ; bref des pièces à machines.

Ainsi, avant même que Molière et Lully ne contribuent à développer la comédie-ballet, une partie du public était déjà familiarisée avec les comédies mêlées d'intermèdes musicaux.

Le divertissement de cour et la monarchie-spectacle

Chaque année au moment du carnaval, ou à d'autres occasions prestigieuses (mariages princiers, victoires militaires, etc.), il était d'usage que le souverain et la cour se divertissent. Les artistes du roi, musiciens, chorégraphes, poètes, dramaturges rivalisaient d'ingéniosité pour créer des ballets de cour, des spectacles féériques dans lesquels dominaient danse et musique. On sait que la création des comédies-ballets s'inscrit dans ce cadre des réjouissances de cour. Ainsi, dans le programme de la fameuse fête dite « Les plaisirs de l'île enchantée » donnée à l'occasion de l'inauguration de Versailles, nous trouvons « une comédie ornée de danse et de musique », le « ballet du palais d'Alcine ». Qu'il s'agisse du « ballet des muses » ou du « ballet de Flore », il est de mise de privilégier le merveilleux du spectacle, de susciter étonnement et admiration. Le « ballet des ballets » dans lequel Molière insère sa comédie-ballet, *La Comtesse d'Escarbagnas*, multiplie le recours aux machines pour créer cette impression de féérie grâce au vertige baroque des métamorphoses. Bref, dans le divertissement de cour, la beauté du spectacle se suffit à elle-même.

Or, loin de se satisfaire du spectacle, le roi tient à y participer lui-même. Mélomane avisé, Louis XIV est également un danseur suffisamment expert pour danser menuets et gracieuses gavottes. Au début de son règne, il dansait les divertissements de Lully, et se produisait dans les ballets de cour chorégraphiés à sa gloire, sous les traits de Renaud, de Jupiter, ou d'Apollon. C'est du reste dans une comédie-ballet de Molière, *Les Amants magnifiques*, qu'il fera sa dernière apparition sur scène, déguisé en soleil. Physiquement présent au sein même des spectacles censés l'exalter, Louis XIV affirme plus hautement encore ce fameux principe du miroir qui est au cœur de sa conception du pouvoir. Grandes eaux des jardins de Versailles, galerie des Glaces, ballets de cour, et bientôt comédie-ballet, autant d'effets de miroir qui reflètent en tous lieux et à tous moments l'image glorieuse du souverain. Nul doute qu'au-delà de la dimension ludique et festive, les arts, et plus spécifiquement les spectacles et le ballet, ne soient un formidable instrument de propagande en même temps qu'un outil de pouvoir. En ce sens, l'esthétique de la magnificence se confond avec une démarche de légitimation du pouvoir, puisque l'harmonie du spectacle se veut le reflet de l'harmonie de l'absolutisme. Au centre de cette mise en scène politique rayonne le Roi-Soleil. On comprend mieux alors pourquoi l'exercice même du pouvoir doit être à ce point théâtralisé et quel lien organique profond unit théâtre et pouvoir à cette époque. De cette conjonction entre l'attrait grandissant pour le théâtre à grand spectacle et la politique-spectacle du monarque naîtra ce

Gouache. Collection Hénin (Cabinet des Estampes) tome 41.
Bibliothèque nationale, Paris.

nouveau genre théâtral de la comédie-ballet, que Molière va contribuer à développer dans la dernière partie de sa carrière.

Dix ans de comédie-ballet

« *Une comédie mêlée de musique et de danse.* » Ce sous-titre du *Malade imaginaire* suffit à définir ce nouveau genre de spectacle. Molière a su lui donner une cohérence particulière, d'une part en intercalant les intermèdes chorégraphiques entre les actes, d'autre part en associant comédie et ballet par un sujet commun. Concrètement, les représentations, fort coûteuses, exigeaient une troupe de danseurs et un orchestre de musiciens qui complétaient la troupe habituelle des comédiens.

Naissance fortuite que celle de ce nouveau genre. Quelque temps avant la représentation des *Fâcheux*, Molière décide de joindre un ballet à la comédie. Faute d'un nombre suffisant de danseurs, et afin de leur donner le temps de se changer, on intercale les « *entrées* » du ballet entre les scènes de la comédie. Fâcheux parlants et fâcheux dansants apparaissent ainsi tour à tour.

Jean-Baptiste Lully (1632-1687), musicien d'origine italienne, sut conquérir les faveurs du roi par des compositions qui exaltaient la pompe presque théâtrale de la cour de Louis XIV. Dès 1664, Molière s'adjoint sa collaboration pour *Le Mariage forcé*. Ils créeront ensemble neuf comédies-ballets en six ans. S'il est vrai que musique, chorégraphie et comédie ne se marient que très artificiellement dans *L'Amour médecin* ou dans *George Dandin*, *Le Bourgeois gentilhomme*, en revanche, offre un exemple parfait de fusion cohérente et efficace entre le chant, la danse et le texte. Cette recherche d'une symbiose idéale aboutira à la création de *Psyché* qui est virtuellement un opéra.

Du reste, une fois Molière disparu, la comédie-ballet, qui contenait en germe les virtualités esthétiques de l'opéra, s'effacera définitivement pour laisser triompher ce dernier. De sorte que Molière a contribué à sa manière à faire émerger l'art lyrique. Reste que théâtre lyrique et théâtre parlé seront dorénavant séparés, le destin du premier étant pris en charge par Lully et son Académie royale de musique, celui du second par la Comédie-Française (21 octobre 1680).

Le rêve du spectacle total

L'histoire du théâtre est riche de ces expériences qui cherchent à fusionner différents modes d'expression. Au XIXᵉ siècle, Richard Wagner parlait d'œuvre d'art totale à propos de ses opéras. Le mariage de l'image et des autres moyens d'expression est au cœur de la création contemporaine. Le cinéma et la vidéo ont exploré de nouvelles possibilités esthétiques associant musique, danse et dialogues. C'est ainsi qu'ont pu émerger la comédie musicale, l'opéra filmé et bien d'autres formes encore.

VIE	ŒUVRES
1622 Baptême de J.-B. Poquelin (Paris).	
1639 Achève ses études au collège de Clermont. **1642** Obtient sa licence en droit.	
1643 Fonde L'Illustre Théâtre avec Madeleine Béjart.	
1645 L'Illustre Théâtre fait faillite. Molière emprisonné pour dettes.	
1646 La troupe quitte Paris.	
1650 Dirige la troupe. **1653** La troupe est protégée par Conti.	
	1655 *L'Étourdi* donnée à Lyon.
1658 Retour à Paris. Protection de Monsieur. Joue devant le roi. S'installe au Petit-Bourbon. **1659** Jodelet, La Grange et Du Croisy entrent dans la troupe. **1660** Publication des *Précieuses ridicules* avec préface de Molière. **1661** S'installe au Palais-Royal. **1662** Mariage avec Armande Béjart.	**1659** Triomphe des *Précieuses ridicules*. **1660** *Sganarelle ou le Cocu imaginaire*. **1661** *Dom Garcie de Navarre,* *L'École des maris, Les Fâcheux.* **1662** *L'École des femmes.*

Événements culturels et artistiques	Événements historiques et politiques
1622 Succès des dramaturges du siècle d'Or en Espagne.	**1622** Paix de Montpellier qui met un terme à la guerre de religion en Béarn.
1639 Naissance de Racine. Tragi-comédies de Scudéry.	**1639** Poursuite de la guerre contre l'Espagne.
1642 *La Mort de Pompée* (Corneille).	**1642** Prise de Perpignan. Mort de Richelieu.
1643 *Le Menteur* (Corneille). Ouverture des petites écoles de Port-Royal, Lully arrive à Paris.	**1643** Mort de Louis XIII. Victoire de Rocroi. Défaite de l'armée française en Aragon.
1645 *Saint Genest* (Rotrou). *Théodore, vierge et martyre* (Corneille).	**1645** Victoire française de Nördlingen.
1646 *Le Pédant joué* (Cyrano de Bergerac). *Poésies* (Saint-Amant).	**1646** Prise de Dunkerque.
1650 *La Comédie des académistes* (Saint-Évremond). Mort de Descartes.	**1648-1653** La Fronde.
1655 Retraite de Pascal à Port-Royal. Racine élève de l'école de Port-Royal.	**1655** Négociations avec Cromwell pour obtenir l'alliance anglaise contre l'Espagne.
1658 *Le Festin de pierre* (Dorimond).	**1658** Victoire des Dunes sur les Espagnols. Mort de Cromwell.
1659 *Le Festin de pierre* (Villiers). *Œdipe* (Corneille).	**1659** Paix des Pyrénées : l'Espagne cède l'Artois et le Roussillon à la France.
1660 *Stratonice* (Quinault). Bossuet prêche le carême aux Minimes.	**1660** Mariage de Louis XIV et de Marie-Thérèse. Restauration des Stuarts.
1661 *Élégie aux nymphes de Vaux* (La Fontaine).	**1661** Mort de Mazarin. Arrestation de Fouquet.
1662 *Sertorius* (Corneille), *Mémoires* (La Rochefoucauld). Mort de Pascal.	**1662** Le Tellier, Colbert et Hugues de Lionne deviennent ministres de Louis XIV.

Vie	Œuvres
1663 Querelle de *L'École des femmes*.	**1663** *La Critique de l'École des femmes*.
1664 *Le Tartuffe* interdit. Naissance de Louis, fils de Molière.	**1664** *Le Mariage forcé*.
1665 Baptême d'Esprit-Madeleine, fille de Molière.	**1665** *Dom Juan, L'Amour médecin*.
1666 Parution des *Œuvres* de Molière en deux volumes.	**1666** *Le Misanthrope, Le Médecin malgré lui*.
1667 Interdiction de la 2ᵉ version du *Tartuffe*.	**1667** *Mélicerte, La Pastorale comique*.
	1668 *Amphitryon, George Dandin, L'Avare*.
1669 Mort du père de Molière.	**1669** *Le Tartuffe, Monsieur de Pourceaugnac*.
	1670 *Les Amants magnifiques, Le Bourgeois gentilhomme*.
1671 Aménagement du Palais-Royal pour y donner des pièces à machines.	**1671** *Psyché, Les Fourberies de Scapin, La Comtesse d'Escarbagnas*.
1672 Mort de Madeleine Béjart.	**1672** *Les Femmes savantes*.
1673 Mort de Molière.	**1673** *Le Malade imaginaire*.

Événements culturels et artistiques	Événements historiques et politiques
1663	**1663**
Sophonisbe (Corneille). *Ode sur la convalescence du Roi* (Racine). *Nouvelles nouvelles* (Donneau de Visé).	Invasion de l'Autriche par les Turcs.
1664	**1664**
La Thébaïde ou les Frères ennemis (Racine).	Fouquet incarcéré à vie.
1665	**1665**
Contes et Nouvelles (La Fontaine). Mort du peintre Nicolas Poussin.	Peste de Londres.
1666	**1666**
Satires I à VI (Boileau). *Le Roman bourgeois* (Furetière). Fondation de l'Académie des sciences.	Alliance franco-hollandaise contre l'Angleterre. Mort d'Anne d'Autriche. Incendie de Londres.
1667	**1667**
Attila (Corneille). *Andromaque* (Racine). *Le Paradis perdu* (Milton). Naissance de Swift.	Guerre de Dévolution : l'armée française s'empare de la Flandre, possession espagnole.
1668	**1668**
Fables I à VI (La Fontaine). *Les Plaideurs* (Racine). Mort du peintre Mignard.	Fin de la guerre de Dévolution. Traités de Saint-Germain et d'Aix-la-Chapelle. Annexion de la Flandre.
1669	
Britannicus (Racine). *La Mort d'Annibal* (Thomas Corneille).	
1670	**1670**
Oraison funèbre d'Henriette de France (Bossuet) *Bérénice* (Racine). *Tite et Bérénice* (Corneille). Édition des *Pensées* de Pascal par les solitaires de Port-Royal.	Mort de Madame. Traité de Douvres avec l'Angleterre.
1671	**1671**
Débuts de la correspondance de Mme de Sévigné avec Mme de Grignan, sa fille.	Louis XIV prépare la guerre contre la Hollande.
1672	**1672**
Bajazet (Racine). *Ariane* (Thomas Corneille). *Pulchérie* (Corneille).	Louis XIV déclare la guerre à la Hollande. Passage du Rhin.
1673	**1673**
Mithridate (Racine). 1ᵉʳ opéra de Lully : *Cadmus et Hermione*.	Conquête de la Hollande. Prise de Maastricht.

La médecine en débat

D'importantes découvertes modifient le paysage scientifique de l'art médical au XVIIe siècle. Le principe de la circulation du sang est mis en lumière par l'Anglais William Harvey (1616), tandis que Sanctorius découvre le fonctionnement de la transpiration. D'autres anatomistes aboutissent à des résultats importants sur l'appareil digestif. Mais tous se heurtent au conservatisme borné de la Faculté, à son aristotélisme aveugle.

Le Malade imaginaire se fait l'écho de débats qui agitaient le corps médical parisien. D'ailleurs, ce que la rhétorique universitaire de l'époque appelait les « disputes » était au cœur de la formation du médecin (ainsi qu'en témoigne l'exemple de Thomas Diafoirus, qui apparaît, aux dires de son père, comme un adversaire intraitable dans les joutes rhétoriques de la faculté). C'est ainsi que les médecins de cour débattaient sur le mal dont mourait tel ou tel puissant du royaume. Ailleurs on discutait des vertus ou des inconvénients des remèdes émétiques, des lavements, des saignées. Reste que pour l'essentiel, qu'il s'agisse de Guy Patin de la faculté de médecine de Paris ou du médecin de la cour Fagon, ces médecins demeuraient d'indécrottables conservateurs, pétris de préjugés. Ainsi, la thèse de Harvey a beau avoir fait son chemin, Patin restera opiniâtrement « contre-circulateur » et l'on soutient encore une thèse contre les circulateurs en 1672 !

Les sources livresques

Nul doute que la fréquentation de médecins éclairés comme Mauvillain et Bernier ne soit pour beaucoup quant aux connaissances de Molière concernant le milieu médical, son vocabulaire, les ordonnances, les diagnostics, les cérémonies de remise des diplômes. Sans doute aussi puise-t-il une partie de sa documentation dans un ouvrage paru en 1642 : *Les Aphorismes d'Hippocrate mis en vers français par le sieur de Launay*.

N'oublions pas enfin qu'il a peut-être participé à la rédaction du fameux *Arrêt burlesque* de Boileau et Bernier, composé un an avant *Le Malade imaginaire,* contre le médecin Morel, adversaire du cartésianisme.

Enfin, la comédie-pamphlet *Élomire hypocondre* (1670) — Élomire étant l'anagramme de Molière — qui présentait Molière comme un malade dépressif, en proie à un mal imaginaire, a sans doute incité notre auteur à réagir. Le valet d'Élomire ne suggérait-il pas à son maître d'écrire une comédie sur le sujet de la maladie imaginaire ? Molière relève le défi et réplique par une satire de la médecine. N'était-ce pas, de la part de cet homme malade, une manière de mettre à distance la maladie en la tournant en dérision, et de conjurer par là même l'angoisse de la mort ?

Molière et la maladie

Depuis 1665, Molière est gravement malade. Il est atteint de tuberculose, mal dont il succombera en 1673 (il semble qu'une hémorragie soit responsable de sa mort, par étouffement). Mais il souffre également de mélancolie hypocondriaque, terme classique pour désigner un état dépressif chronique. Depuis la grave affection de poitrine qui l'immobilisa en 1665, il doit suivre un régime qui l'a amaigri, et, fréquemment, il est pris de toux convulsives qu'il exploite volontiers dans ses spectacles. De ce corps maladif, décharné, *Élomire hypocondre* se moquera sans pitié. Ainsi, la réflexion critique de Molière sur la médecine, le regard moqueur qu'il porte sur les médecins participent d'un lien intime avec le mal et avec la peur de la mort.

Molière est un homme de progrès et il n'éprouve aucune sympathie pour le conservatisme poussiéreux de cette médecine obsolète qui dissimule son ignorance scientifique et l'inefficacité de son art derrière un fatras de syllogismes et de formules en latin. Les Diafoirus sont des produits caricaturaux de cette orthodoxie aristotélicienne fossilisée qui faisait la fierté de la faculté de médecine de Paris.

Mais au-delà de la satire des médecins, de l'imposture des théories médicales, Molière a pu développer une réflexion pessimiste sur la maladie et sur la médecine, ses enjeux, sa valeur et surtout ses limites. Une scène en particulier est le fruit d'un mûrissement philosophique de Molière sur le rôle prépondérant de la Nature dans la guérison : celle qui oppose Béralde à Argan. On y trouve un certain nombre d'affirmations qui illustrent une sagesse gassendiste : ne pas chercher à corriger la nature, l'impuissance où nous sommes de pénétrer les mystères de notre organisme (notre « *machine* »), la nature comme thérapie universelle, la confiance en l'expérience (sentir son corps).

Molière source de Molière

Le stratagème du faux médecin qui inspire une des scènes les plus comiques du *Malade imaginaire* n'est évidemment pas sans rappeler celui du *Médecin volant*, farce de 1659 ou du *Médecin malgré lui*, comédie de 1666. Le procédé du déguisement appartient du reste à la tradition de la farce. Sept années séparent la farce de la comédie, mais le canevas demeure identique : dans l'une comme dans l'autre, le valet Sganarelle, pour des prétextes sensiblement différents, endosse le costume du médecin. L'apparition donne lieu à des parodies de consultation divertissantes, même si les effets comiques apparaissent évidemment moins raffinés dans la farce. Le faux médecin déversant sur chaque interlocuteur un galimatias de faux latin se signale déjà par son pédantisme caricatural.

La comédie *L'Amour médecin*, quant à elle, met en scène de vrais médecins. Boileau n'hésite pas à dire que Molière visait les médecins de la cour dans cette satire. Toujours est-il que la peinture mordante des travers de cette corporation évoque immanquablement les Diafoirus et autres Purgon. Sganarelle a convoqué quatre médecins (« N'est-ce pas assez d'un pour tuer une personne ? » rétorque malicieusement la servante Lisette) au chevet de sa fille, qui feint d'être malade. Les quatre fantoches sont plus affairés à discuter des débats qui divisent la communauté qu'à ausculter la patiente. Au moment du diagnostic, les voilà qui s'empoignent, l'un plaidant pour l'émétique, l'autre ne jurant que par les saignées. En quelques échanges, voilà résumée la sotte et dangereuse obstination d'une bande d'ignorants costumés en savants. Leur indifférence à la souffrance et à la mort révèle leur mépris de tout principe déontologique.

La satire paraît à la fois beaucoup plus directe et agressive que celle du *Malade imaginaire*. Un médecin ne va-t-il pas jusqu'à dire que « le plus grand faible des hommes, c'est l'amour qu'ils ont pour la vie », poursuivant en ces termes : « Nous en profitons, nous autres, par notre pompeux galimatias, et nous savons prendre nos avantages de cette vénération que la peur de mourir leur donne pour notre métier. » Loin du ton badin de la comédie, de tels propos sentent le règlement de compte. Molière n'entend pas seulement ridiculiser une corporation : en révélant l'inqualifiable cynisme du commerce médical, il dénonce avec une rare violence l'imposture sociale de la médecine. Si l'on peut penser que Béralde n'est pas loin de croire la même chose, du moins ne le formule-t-il pas en des termes aussi explicites.

Ni par son intrigue, ni par ses personnages, ni par son comique, la dernière œuvre de Molière n'a ambition de faire figure d'œuvre originale. En très grande partie, Molière s'est contenté de réexploiter des matériaux déjà présents dans des œuvres antérieures. C'est ainsi qu'Argan fait immanquablement songer à Orgon dans *Le Tartuffe*. Ils partagent un même comportement obsessionnel, un même souci de purification, de l'âme pour l'un, du corps pour l'autre, un même attachement passionnel à une figure de sauveur, Tartuffe ou Purgon. Tous deux ils voudront, avec la même obstination coupable et la même indifférence cruelle aux sentiments, marier leur fille contre son gré. Ainsi Angélique apparaît-elle comme un double, certes plus consistant, de Marianne, autre victime du despotisme paternel. Cléante, quant à lui, n'est que la copie de Valère, sans plus. Autre parallèle saisissant, celui qui associe les deux raisonneurs Béralde et Cléante (toujours dans *Le Tartuffe*) : ils partagent une même hauteur de vue, une même volonté démystificatrice. La correspondance entre Toinette et Dorine, la bête noire d'Orgon, transite quant à elle par Scapin. Transposition complexe puisque le caractère de Toinette emprunte l'essentiel de ses traits à Dorine, tandis que l'échange dialogué entre la servante et Argan (scène 5, acte I) est quasiment repris mot pour mot à la scène 4 de l'acte I des *Fourberies de Scapin*. Quant au burlesque de la cérémonie finale de remise du diplôme de médecin, il évoque tout aussi immanquablement le cérémonial de la promotion sociale de M. Jourdain qui accède à la condition de gentilhomme dans le final du *Bourgeois gentilhomme*. Comment interpréter un tel recyclage chez un créateur comme Molière ? Faut-il y voir une panne d'inspiration, l'effet d'une profonde lassitude, ou bien encore le signe d'un changement d'orientation esthétique propre à un auteur qui se montre davantage soucieux de réfléchir sur le sens de la comédie, et du théâtre en général, que d'inventer de nouvelles intrigues ou de nouveaux personnages ? Toujours est-il que cette absence d'invention ne compromit nullement le succès de cette ultime comédie à sa création.

La création de l'œuvre

Conçue à l'origine pour être la pièce maîtresse des divertissements donnés devant le roi et la cour à l'occasion du carnaval de 1673 célébrant les victoires de Louis XIV en Hollande, la comédie-ballet *Le Malade imaginaire* n'eut pas, comme *Le Bourgeois gentilhomme* trois ans auparavant, l'avantage d'être applaudie par le roi à sa création. En dépit des liens de sympathie que lui avait témoignés Molière, Lully, qui devait à l'origine composer les ballets de la pièce, intrigua si habilement auprès du souverain qu'il obtint un privilège lui réservant l'exclusivité des spectacles avec musique et danse et interdisant à quiconque de donner un spectacle accompagné de plus de deux chanteurs et de deux instrumentistes, sans danseurs (1672). Indigné d'avoir été écarté d'une façon si déloyale, Molière proteste. En vain. Il devra se résigner à créer sa pièce dans les conditions imposées par le nouveau favori du roi. C'est en définitive Marc Antoine Charpentier qui composera la musique.

Les représentations du *Malade imaginaire*

La pièce connaîtra quatre représentations triomphales avec Molière dans le rôle-titre. Certes, comme toutes les comédies-ballets, le spectacle était fort dispendieux. Le prologue à lui seul engloutissait la coquette somme de 2 400 livres (c'est-à-dire dix fois plus que le salaire moyen d'un ouvrier). Mais il convenait d'être à la hauteur pour espérer rivaliser avec le formidable budget dont disposait désormais Lully pour ses divertissements de cour. Les recettes des premières représentations seront à la hauteur. Les registres mentionnent la somme de 1 992 livres pour la première, puis 1 459 livres pour le 12 février, et 1 879 livres pour le 14 février.

Après le décès de Molière, c'est La Thorillière qui reprend le rôle d'Argan le 3 mars, toujours au Palais-Royal. La pièce n'eut droit aux fastes de Versailles qu'un an plus tard. Le 18 juillet 1674, *Le Malade imaginaire* remporta un triomphe devant le roi et la cour lors d'une représentation en plein air devant la grotte de Thétis.

À seule fin d'empêcher que la pièce ne tombe dans le domaine public et ne soit montée par d'autres troupes (tant son succès fut important), la troupe de Molière décida de différer la publication, et le texte ne sera imprimé qu'en 1682.

Molière peint par Pierre Mignard vers 1670-1672.
Musée Condé à Chantilly.

Le Malade imaginaire

MOLIÈRE

comédie-ballet

*Représentée pour la première fois
le 10 février 1673*

Personnages

ARGAN	*malade imaginaire.*
BÉLINE	*seconde femme d'Argan.*
ANGÉLIQUE	*fille d'Argan et amante de Cléante.*
LOUISON	*seconde fille d'Argan et sœur d'Angélique.*
BÉRALDE	*frère d'Argan.*
CLÉANTE	*amant d'Angélique.*
MONSIEUR DIAFOIRUS	*médecin.*
THOMAS DIAFOIRUS	*son fils et amant d'Angélique.*
MONSIEUR PURGON	*médecin d'Argan.*
MONSIEUR FLEURANT	*apothicaire.*
MONSIEUR BONNEFOI	*notaire.*
TOINETTE	*servante.*

La scène est à Paris.

Début des notes de la page 33.

1. **Victorieux :** allusion aux victoires de Louis XIV en Hollande.
2. **Auguste :** digne d'être vénéré.
3. **Se mêlent :** entreprennent.
4. **Entrée :** le prologue est un ouvrage composé pour servir d'« entrée », c'est-à-dire d'introduction à une œuvre dramatique.
5. **Églogue :** petit poème qui célèbre la vie champêtre.
6. **Flore :** déesse des Fleurs (mythologie romaine).

PROLOGUE

Après les glorieuses fatigues et les exploits victorieux[1] de notre auguste[2] monarque, il est bien juste que tous ceux qui se mêlent[3] d'écrire travaillent ou à ses louanges ou à son divertissement. C'est ce qu'ici l'on a voulu faire, et ce prologue est un essai des louanges de ce grand prince, qui donne entrée[4] à la comédie du *Malade imaginaire*, dont le projet a été fait pour le délasser de ses nobles travaux. *(La décoration représente un lieu champêtre, et néanmoins fort agréable.)*

Églogue[5]
en musique et en danse

FLORE[6], PAN[7], CLIMÈNE, DAPHNÉ[8], TIRCIS, DORILAS[9], DEUX ZÉPHYRS[10], TROUPE DE BERGÈRES ET DE BERGERS

FLORE

Quittez, quittez vos troupeaux,
Venez, bergers, venez bergères,
Accourez, accourez sous ces tendres ormeaux[11] ;
Je viens vous annoncer des nouvelles bien chères[12]

---

7. **Pan** : mi-homme, mi-bouc, c'est le dieu de la vie pastorale, des bergers et des troupeaux.
8. **Daphné** : nymphe (divinité) des eaux et des forêts.
9. **Climène, Tircis, Dorilas** : personnages de bergères et de bergers dans les Pastorales.
10. **Zéphyrs** : dieux des Vents.
11. **Ormeaux** : jeunes ormes.
12. **Chères** : précieuses puisqu'elles concernent une personne aimée, chérie.

5   Et réjouir tous ces hameaux.
        Quittez, quittez vos troupeaux,
        Venez, bergers, venez, bergères,
Accourez, accourez sous ces tendres ormeaux.

CLIMÈNE ET DAPHNÉ
Berger, laissons là tes feux[1],
10   Voilà Flore qui nous appelle.

TIRCIS ET DORILAS
Mais au moins dis-moi, cruelle,

TIRCIS
Si d'un peu d'amitié[2] tu payeras mes vœux[3].

DORILAS
Si tu seras sensible à mon ardeur fidèle.

CLIMÈNE ET DAPHNÉ
Voilà Flore qui nous appelle.

TIRCIS ET DORILAS
15 Ce n'est qu'un mot, un mot, un seul mot que je veux.

TIRCIS
Languirai-je toujours dans ma peine mortelle ?

DORILAS
Puis-je espérer qu'un jour tu me rendras heureux ?

CLIMÈNE ET DAPHNÉ
Voilà Flore qui nous appelle.

---

1. **Tes feux :** ton amour (dans la langue poétique et galante).
2. **Amitié :** affection.
3. **Tu payeras mes vœux :** tu récompenseras ma passion.

ENTRÉE DE BALLET

Toute la troupe des bergers et des bergères va se placer en cadence autour de Flore.

CLIMÈNE
Quelle nouvelle parmi nous,
Déesse, doit jeter tant de réjouissance ?

DAPHNÉ
Nous brûlons d'apprendre de vous
Cette nouvelle d'importance.

DORILAS
5   D'ardeur nous en soupirons tous.

TOUS ENSEMBLE
Nous en mourons d'impatience.

FLORE
La voici ; silence, silence !
Vos vœux sont exaucés, LOUIS est de retour ;
Il ramène en ces lieux les plaisirs et l'amour,
10 Et vous voyez finir vos mortelles alarmes ;
Par ses vastes exploits son bras voit tout soumis,
Il quitte les armes
Faute d'ennemis.

TOUS ENSEMBLE
Ah ! quelle douce nouvelle !
15   Qu'elle est grande ! qu'elle est belle !
Que de plaisirs, que de ris[1], que de jeux !
Que de succès heureux[2] !
Et que le ciel a bien rempli nos vœux !
Ah ! quelle douce nouvelle !
20   Qu'elle est grande ! qu'elle est belle !

---

1. **Ris :** rires (langue classique).
2. **Succès heureux :** issues heureuses.

AUTRE ENTRÉE DE BALLET

Tous les bergers et bergères expriment par des danses les transports[1] de leur joie.

FLORE

De vos flûtes bocagères[2]
Réveillez les plus beaux sons :
LOUIS offre à vos chansons
La plus belle des matières[3].
5   Après cent combats
Où cueille son bras
Une ample victoire,
Formez entre vous
Cent combats plus doux
10   Pour chanter sa gloire.

TOUS

Formons entre nous
Cent combats plus doux
Pour chanter sa gloire.

FLORE

Mon jeune amant[4], dans ce bois,
15   Des présents de mon empire
Prépare un prix à la voix
Qui saura le mieux vous dire
Les vertus et les exploits
Du plus auguste des rois.

CLIMÈNE

20   Si Tircis a l'avantage,

---

1. **Transports** : manifestations exaltées.
2. **Bocagères** : champêtres.
3. **Matières** : argument, sujet (le sujet le plus beau pour vos chants).
4. **Amant** : celui qui est aimé de moi, à savoir Pan.

DAPHNÉ
Si Dorilas est vainqueur,

CLIMÈNE
À le chérir je m'engage.

DAPHNÉ
Je me donne à son ardeur.

TIRCIS
Ô trop chère espérance !

DORILAS
25   Ô mot plein de douceur !

TOUS DEUX
Plus beau sujet, plus belle récompense,
Peuvent-ils animer un cœur ?

Les violons jouent un air pour animer les deux bergers au combat, tandis que Flore, comme juge, va se placer au pied d'un bel arbre qui est au milieu du théâtre, avec deux Zéphyrs, et que le reste, comme spectateurs, va occuper les deux côtés de la scène.

TIRCIS
Quand la neige fondue enfle un torrent fameux,
Contre l'effort soudain de ses flots écumeux
30   Il n'est rien d'assez solide ;
      Digues, châteaux, villes et bois,
      Hommes et troupeaux à la fois,
      Tout cède au courant qui le guide.
      Tel, et plus fier[1], et plus rapide,
35   Marche LOUIS dans ses exploits.

---

1. **Fier** : redoutable par son courage.

37

BALLET

Les bergers et bergères du côté de Tircis dansent autour de lui, sur une ritournelle[1], pour exprimer leurs applaudissements.

DORILAS

Le foudre[2] menaçant qui perce avec fureur
L'affreuse[3] obscurité de la nue enflammée
    Fait d'épouvante et d'horreur
    Trembler le plus ferme cœur ;
40   Mais à la tête d'une armée
    LOUIS jette plus de terreur.

BALLET

Les bergers et bergères du côté de Dorilas font de même que les autres.

TIRCIS

Des fabuleux[4] exploits que la Grèce a chantés,
Par un brillant amas[5] de belles vérités,
    Nous voyons la gloire effacée ;
45   Et tous ces fameux demi-dieux[6]
    Que vante l'histoire passée
    Ne sont point à notre pensée
    Ce que LOUIS est à nos yeux.

---

1. **Ritournelle :** refrain.
2. **Le foudre :** la foudre (emploi classique).
3. **Affreuse :** terrifiante.
4. **Fabuleux :** racontés dans les légendes.
5. **Brillant amas :** multiplication éclatante et impressionnante de vérités.
6. **Demi-dieux :** héros nés de l'accouplement d'une divinité et d'un mortel (Hercule, Achille, par exemple).

BALLET

Les bergers et bergères de son côté font encore la même chose.

DORILAS

LOUIS fait à nos temps, par ses faits inouïs,
50 Croire tous les beaux faits que nous chante l'histoire
      Des siècles évanouis ;
      Mais nos neveux[1], dans leur gloire,
      N'auront rien qui fasse croire
      Tous les beaux faits de LOUIS.

BALLET

Les bergères de son côté font encore de même, après quoi les deux partis se mêlent.

PAN, *suivi de six faunes[2].*

55 Laissez, laissez, bergers, ce dessein téméraire ;
      Hé ! que voulez-vous faire ?
      Chanter sur vos chalumeaux[3]
      Ce qu'Apollon[4] sur sa lyre,
      Avec ses chants les plus beaux,
60   N'entreprendrait pas de dire ?
C'est donner trop d'essor[5] au feu qui vous inspire,
C'est monter vers les cieux sur des ailes de cire,
      Pour tomber dans le fond des eaux.
Pour chanter de LOUIS l'intrépide courage,
65   Il n'est point d'assez docte[6] voix,

---

1. **Neveux :** descendants.
2. **Faunes :** divinités champêtres (mythologie romaine).
3. **Chalumeaux :** petite flûte champêtre.
4. **Apollon :** dieu de la Lumière et de la Poésie dans la mythologie grecque.
5. **Essor :** énergie, force.
6. **Docte :** savante.

Point de mots assez grands pour en tracer l'image ;
Le silence est le langage
Qui doit louer ses exploits.
Consacrez d'autres soins à sa pleine victoire,
70 Vos louanges n'ont rien qui flatte ses désirs,
Laissez, laissez là sa gloire,
Ne songez qu'à ses plaisirs.

TOUS

Laissons, laissons là sa gloire,
Ne songeons qu'à ses plaisirs.

FLORE

75 Bien que, pour étaler ses vertus immortelles,
La force manque à vos esprits,
Ne laissez pas tous deux de[1] recevoir le prix.
Dans les choses grandes et belles,
Il suffit d'avoir entrepris[2].

ENTRÉE DE BALLET

Les deux Zéphyrs dansent avec deux couronnes de fleurs à la main, qu'ils viennent donner ensuite aux deux bergers.

CLIMÈNE ET DAPHNÉ *en leur donnant la main.*
Dans les choses grandes et belles,
Il suffit d'avoir entrepris.

TIRCIS ET DORILAS

Ah ! que d'un doux succès notre audace est suivie !

FLORE ET PAN

Ce qu'on fait pour LOUIS, on ne le perd jamais.

---

1. **Ne laissez pas de** : recevez néanmoins votre prix.
2. **Entrepris** : (d'avoir) essayé d'accomplir quelque chose.

LES QUATRE AMANTS
5 Au soin de ses plaisirs donnons-nous[1] désormais.

FLORE ET PAN
Heureux, heureux qui peut lui consacrer sa vie !

TOUS
Joignons tous dans ces bois
Nos flûtes et nos voix,
Ce jour nous y convie,
10 Et faisons aux échos redire mille fois :
LOUIS est le plus grand des rois.
Heureux, heureux qui peut lui consacrer sa vie !

DERNIÈRE ET GRANDE ENTRÉE DE BALLET

*Faunes, bergers et bergères, tous se mêlent, et il se fait entre
eux des jeux de danses après quoi ils se vont préparer pour
la comédie.*

---

1. **Donnons-nous** : appliquons-nous désormais à satisfaire ses plaisirs.

L'habit d'apothicaire.
Gravure du XVIIᵉ siècle de Nicolas Larmessin.
Bibliothèque nationale, Paris.

ACTE PREMIER

SCÈNE PREMIÈRE. ARGAN.

ARGAN, *seul dans sa chambre, assis, une table devant lui,*
compte des parties[1] *d'apothicaire*[2] *avec des jetons*[3] *; il fait,*
parlant à lui-même, les dialogues suivants. Trois et deux
font cinq, et cinq font dix, et dix font vingt. Trois et deux
font cinq. « Plus, du vingt-quatrième[4], un petit clystère insi-
nuatif, préparatif et rémollient, pour amollir, humecter et
5 rafraîchir les entrailles de monsieur. » Ce qui me plaît de
monsieur Fleurant, mon apothicaire, c'est que ses parties sont
toujours fort civiles[5]. « Les entrailles de monsieur, trente
sols[6]. » Oui ; mais, monsieur Fleurant, ce n'est pas tout que
d'être civil, il faut être aussi raisonnable et ne pas écorcher
10 les malades. Trente sols un lavement ! Je suis votre serviteur[7], je vous l'ai déjà dit. Vous ne me les avez mis dans les
autres parties qu'à vingt sols, et vingt sols en langage d'apothicaire, c'est-à-dire dix sols ; les voilà, dix sols. « Plus, dudit
jour[8], un bon clystère détersif[9], composé avec catholicon[10]

---

1. **Parties** : factures.
2. **Apothicaire** : pharmacien.
3. **Jetons** : Argan utilise des jetons dispersés en tas pour calculer le montant de ses dépenses en produits pharmaceutiques. Chaque jeton est équivalent à une certaine somme d'argent.
4. **Vingt-quatrième** : le 24 de ce mois.
5. **Civiles** : poliment et agréablement formulées.
6. **Sols** : terme qui désigne une unité de monnaie. 1 sol est équivalent à 12 deniers. 20 sols valent 1 livre (approximativement 20 de nos francs).
7. **Je suis votre serviteur** : formule dont on se sert pour saluer respectueuse-ment quelqu'un. Valeur ironique ici : indigné par le montant de la facture, Argan n'a nulle envie d'être respectueux envers un pharmacien dont il suspecte la probité.
8. **Dudit jour** : de ce même jour.
9. **Détersif** : purifiant.
10. **Catholicon** : purgatif universel.

15 double, rhubarbe, miel rosat[1] et autres, suivant l'ordonnance, pour balayer, laver et nettoyer le bas-ventre de monsieur, trente sols. » Avec votre permission, dix sols. « Plus, dudit jour, le soir, un julep hépatique, soporatif[2] et somnifère, composé pour faire dormir monsieur, trente-cinq sols. »

20 Je ne me plains pas de celui-là, car il me fit bien dormir. Dix, quinze, seize et dix-sept sols six deniers. « Plus, du vingt-cinquième, une bonne médecine purgative et corroborative[3], composée de casse[4] récente avec séné[5] levantin[6] et autres, suivant l'ordonnance de monsieur Purgon, pour expulser et

25 évacuer la bile de monsieur, quatre livres. » Ah ! monsieur Fleurant, c'est se moquer, il faut vivre avec les malades. Monsieur Purgon ne vous a pas ordonné de mettre quatre francs. Mettez, mettez trois livres, s'il vous plaît. Vingt et trente sols. « Plus, dudit jour, une potion anodine[7] et astringente[8] pour

30 faire reposer monsieur, trente sols. » Bon... dix et quinze sols. « Plus, du vingt-sixième, un clystère carminatif[9] pour chasser les vents de monsieur, trente sols. » Dix sols, monsieur Fleurant. « Plus le clystère de monsieur réitéré le soir, comme dessus, trente sols. » Monsieur Fleurant, dix sols. « Plus, du

35 vingt-septième, une bonne médecine composée pour hâter

---

1. **Rosat** : miel mélangé à une infusion de roses.
2. **Julep hépatique, soporatif** : remède pour le foie aux vertus soporifiques.
3. **Corroborative** : tonique, reconstituante.
4. **Casse** : fruit importé des Indes, recommandé pour ses effets laxatifs.
5. **Séné** : arbuste dont les gousses ou les folioles entrent dans la composition d'un purgatif.
6. **Levantin** : du Levant, c'est-à-dire de l'Orient (et spécialement des côtes de la Méditerranée orientale).
7. **Anodine** : apaisante.
8. **Astringente** : qui contracte les tissus.
9. **Carminatif** : qui favorise l'évacuation des flatuosités, des gaz intestinaux.

d'aller[1], et chasser dehors les mauvaises humeurs[2] de monsieur, trois livres. » Bon, vingt et trente sols ; je suis bien aise
que vous soyez raisonnable. « Plus, du vingt-huitième, une
prise[3] de petit-lait clarifié et dulcoré[4], pour adoucir, léni-
40 fier[5], tempérer[6] et rafraîchir le sang de monsieur, vingt
sols. » Bon, dix sols. « Plus une potion cordiale[7] et préservative[8], composée avec douze grains[9] de bézoard[10], sirop de
limon[11] et grenade, et autres suivant l'ordonnance, cinq
livres. » Ah ! monsieur Fleurant, tout doux, s'il vous plaît ;
45 si vous en usez comme cela[12], on[13] ne voudra plus être
malade, contentez-vous de quatre francs ; vingt et quarante
sols. Trois et deux font cinq, et cinq font dix, et dix font
vingt. Soixante et trois livres quatre sols six deniers. Si bien
donc que, de ce mois, j'ai pris une, deux, trois, quatre, cinq,
50 six, sept et huit médecines, et un, deux, trois, quatre, cinq,
six, sept, huit, neuf, dix, onze et douze lavements ; et l'autre
mois, il y avait douze médecines et vingt lavements. Je ne
m'étonne pas si je ne me porte pas si bien ce mois-ci que
l'autre. Je le dirai à monsieur Purgon, afin qu'il mette ordre
55 à cela. Allons, qu'on m'ôte tout ceci. Il n'y a personne ? J'ai

---

1. **Aller :** aller à la selle (soulager ses intestins).
2. **Humeurs :** dans les théories antiques et classiques, ce terme désigne les
quatre éléments liquides qui circulent dans le corps. La bonne santé
correspondait à une bonne circulation des humeurs. Les quatre humeurs sont
le sang, le flegme, la bile jaune et la bile noire (*melas kholé* en grec d'où le mot
français « mélancolie », *atra bilis* en latin d'où le mot « atrabile »).
3. **Prise :** une dose.
4. **Dulcoré :** sucré.
5. **Lénifier :** calmer.
6. **Tempérer :** apaiser, adoucir.
7. **Cordiale :** qui a des effets salutaires sur le cœur.
8. **Préservative :** qui assure une protection contre les maladies.
9. **Grains :** la plus petite unité de poids (0,05 g).
10. **Bézoard :** concrétion formée de poils ou de débris végétaux propre à
certains quadrupèdes. On considérait jadis le bézoard comme un antidote
efficace contre les poisons et les infections.
11. **Limon :** citron.
12. **Si vous en usez comme cela :** si vous agissez de la sorte.
13. **On :** je.

beau dire, on me laisse toujours seul ; il n'y a pas moyen de les arrêter[1] ici. *(Il agite une sonnette pour faire venir ses gens.)* Ils n'entendent point, et ma sonnette ne fait pas assez de bruit. Drelin, drelin, drelin, point d'affaire[2]. Drelin, dre-
60 lin, drelin, ils sont sourds... Toinette ! drelin, drelin, drelin. Tout comme si je ne sonnais point. Chienne ! coquine ! Drelin, drelin, drelin, j'enrage. *(Il ne sonne plus, mais il crie.)* Drelin, drelin, drelin. Carogne[3], à tous les diables ! Est-il possible qu'on laisse comme cela un pauvre malade tout
65 seul ! Drelin, drelin, drelin : voilà qui est pitoyable ! Drelin, drelin, drelin. Ah ! mon Dieu, ils me laisseront ici mourir. Drelin, drelin, drelin !

---

1. **Arrêter** : retenir.
2. **Point d'affaire** : je sonne en vain.
3. **Chienne, coquine, carogne** : termes grossièrement injurieux dont usent fréquemment, dans le théâtre de Molière, les maris ou les maîtres excédés à l'égard de leurs épouses ou de leurs servantes. « Coquine » signifie « femme de basse extraction », « carogne » désigne souvent une femme débauchée.

REPÈRES

• La scène 1 de l'acte I est traditionnellement une scène d'exposition. Que faut-il entendre par cette expression ? Parmi ces trois comédies de Molière, *George Dandin*, *L'École des femmes*, *Le Misanthrope*, laquelle commence par un monologue ?

OBSERVATION

• **La liste des personnages :** certains noms des médecins correspondent à des formes de mots-valises. Avec quels mots Molière a-t-il composé Diafoirus ? Quel effet de redondance s'en dégage ? Quel rapport avec le nom « *Purgon* » ? À partir de quels verbes les noms de l'apothicaire et du notaire sont-ils créés ?

• En quoi les noms des médecins sont-ils déjà révélateurs de la médecine qu'ils pratiquent ?

• **Le système d'énonciation :** cette scène est-elle seulement un monologue ? Quel mot important, dans la didascalie, nous informe sur le type, le mode de discours ?

• Observez le jeu des pronoms personnels et des autres marques de personne grammaticale. Relevez également les apostrophes, les interjections, les formules de politesse. Qu'apportent toutes ces marques de discours à cet échange fictif ?

• **L'écriture théâtrale :** la scène d'exposition. De quoi le lecteur est-il précisément informé à l'issue de cette scène ? Pourquoi Molière privilégie-t-il la peinture du personnage sur l'information ?

INTERPRÉTATIONS

• **Le personnage d'Argan :** le personnage vous paraît-il posséder une dimension comique, dès cette première scène ? En quoi Argan apparaît-il déjà comme un malade imaginaire ? Quelle est selon vous sa maladie réelle, à la lecture de cette scène ?

• **La chambre :** pourquoi le choix de cet espace ? Efforcez-vous de définir le climat général qui se dégage de cette scène. En quoi les tintements de la sonnette permettent-ils le passage d'un climat à un autre ?

SCÈNE 2. TOINETTE, ARGAN.

TOINETTE, *en entrant dans la chambre.* On y va.

ARGAN. Ah ! chienne ! ah ! carogne !...

TOINETTE, *faisant semblant de s'être cogné la tête.* Diantre[1] soit fait de votre impatience ! Vous pressez si fort les personnes[2] que je me suis donné un grand coup de la tête contre la carne[3] d'un volet.

ARGAN, *en colère.* Ah ! traîtresse...

TOINETTE, *pour l'interrompre et l'empêcher de crier, se plaint toujours, en disant.* Ah !

ARGAN. Il y a...

TOINETTE. Ah !

ARGAN. Il y a une heure...

TOINETTE. Ah !

ARGAN. Tu m'as laissé...

TOINETTE. Ah !

ARGAN. Tais-toi donc, coquine, que je te querelle[4].

TOINETTE. Çamon[5], ma foi, j'en suis d'avis[6], après ce que je me suis fait.

ARGAN. Tu m'as fait égosiller[7], carogne !

---

1. **Diantre** : diable (euphémisme qui évite de prononcer le nom du Diable).
2. **Presser les personnes** : contraindre les gens à se hâter.
3. **Carne** : l'angle.
4. **Querelle** : réprimande, sermonne.
5. **Çamon** : ah ça oui ! (archaïsme).
6. **J'en suis d'avis** : je vous approuve.
7. **Égosiller** : perdre ma voix à force de hurler.

TOINETTE. Et vous m'avez fait, vous, casser la tête ; l'un
20 vaut bien l'autre. Quitte à quitte[1], si vous voulez.

ARGAN. Quoi ! coquine...

TOINETTE. Si vous querellez, je pleurerai.

ARGAN. Me laisser, traîtresse...

TOINETTE, *toujours pour l'interrompre.* Ah !

25 ARGAN. Chienne ! tu veux...

TOINETTE. Ah !

ARGAN. Quoi ! il faudra encore que je n'aie pas le plaisir de
la quereller ?

TOINETTE. Querellez tout votre soûl[2] : je le veux bien.

30 ARGAN. Tu m'en empêches, chienne, en m'interrompant à
tous coups[3].

TOINETTE. Si vous avez le plaisir de quereller, il faut bien
que de mon côté j'aie le plaisir de pleurer : chacun le sien, ce
n'est pas trop. Ah !

35 ARGAN. Allons, il faut en passer par là. Ôte-moi ceci[4],
coquine, ôte-moi ceci. *(Argan se lève de sa chaise.)* Mon lavement d'aujourd'hui a-t-il bien opéré[5] ?

TOINETTE. Votre lavement ?

ARGAN. Oui. Ai-je bien fait de la bile ?

---

1. **Quitte à quitte :** nous sommes quittes.
2. **Tout votre soûl :** autant que vous voudrez.
3. **À tous coups :** sans cesse.
4. **Ceci :** les jetons, les factures, etc.
5. **Opéré :** été efficace.

40 TOINETTE. Ma foi, je ne me mêle point de ces affaires[1]-là ; c'est à monsieur Fleurant à y mettre le nez, puisqu'il en a le profit.

ARGAN. Qu'on ait soin de me tenir un bouillon prêt pour l'autre que je dois tantôt[2] prendre.

45 TOINETTE. Ce monsieur Fleurant-là et ce monsieur Purgon s'égayent[3] bien sur votre corps ; ils ont en vous une bonne vache à lait, et je voudrais bien leur demander quel mal vous avez, pour vous faire[4] tant de remèdes.

ARGAN. Taisez-vous, ignorante ; ce n'est pas à vous à 50 contrôler les ordonnances de la médecine. Qu'on me fasse venir ma fille Angélique, j'ai à lui dire quelque chose.

TOINETTE. La voici qui vient d'elle-même ; elle a deviné votre pensée.

SCÈNE 3. ANGÉLIQUE, TOINETTE, ARGAN.

ARGAN. Approchez, Angélique, vous venez à propos ; je voulais vous parler.

ANGÉLIQUE. Me voilà prête à vous ouïr.

---

1. **Affaires :** jeu de mots, « affaires » signifiant à la fois « problèmes » et « excréments » (*cf.* l'expression populaire « faire ses affaires » qui signifie « aller à la selle »).
2. **Tantôt :** tout à l'heure.
3. **S'égayent :** se distraient bien aux dépens de votre corps.
4. **Faire :** administrer.

ARGAN, *courant au bassin*[1]. Attendez. Donnez-moi mon
5 bâton. Je vais revenir tout à l'heure[2].

TOINETTE, *en le raillant*. Allez vite, monsieur, allez ;
monsieur Fleurant nous donne des affaires[3].

---

1. **Bassin :** chaise percée placée hors de la scène. On disait aussi « chaise
d'affaires » (*cf.* plus haut ce mot).
2. **Tout à l'heure :** dans un instant.
3. **Affaires :** nouveau jeu de mots scatologique. « Affaires » signifie ici à la fois
« préoccupations », « soucis », mais aussi « excréments ».

REPÈRES

• La scène 2 permet-elle de compléter l'exposition ? La scène 3 est-elle une scène importante ou n'a-t-elle qu'une fonction de transition ?

OBSERVATION

• **La ponctuation** : le point d'exclamation et les interjections. Quels sentiments différents traduisent-ils chez Argan et chez Toinette ?
• **Les points de suspension** : quelle est leur fonction ?
• **L'écriture du dialogue** : quel procédé de reprise permet l'enchaîne-ment des répliques aux lignes 18-19 et 28-29 ? En quoi ce type d'en-chaînement est-il révélateur de la position de Toinette dans cet échange ?
• **La longueur des répliques** : à combien de syllabes se ramènent les plus courtes ? À combien de phrases correspondent les plus longues ? En quoi cette variété dans la longueur des répliques permet-elle d'enrichir le rythme et la dynamique du dialogue ?
• **Le registre de langue** : la langue de Toinette. Relevez les expressions familières caractéristiques du sociolecte de la servante. Relevez les jeux de mots (scène 2, l. 40 et scène 3, l. 7). Quelles sont leurs fonctions ?
• **Les didascalies** : en quoi permettent-elles d'éclairer le jeu de Toinette ?

INTERPRÉTATIONS

• **Le comique** : quelles formes de comique trouve-t-on dans cette scène ? Relevez précisément les indices. Quelles sont les fonctions du comique ici ?
• **Relation maître / servante** : comment l'autorité du maître est-elle déstabilisée dans cet échange ? « *le plaisir de la quereller* » (scène 2, l. 27-28) : en quoi cette expression éclaire-t-elle la relation maître / servante ? Quel aspect du comportement d'Argan nous révèle-t-elle ?

SCÈNE 4. ANGÉLIQUE, TOINETTE.

ANGÉLIQUE, *la regardant d'un œil languissant[1], lui dit confidemment[2]*. Toinette !

TOINETTE. Quoi ?

ANGÉLIQUE. Regarde-moi un peu.

TOINETTE. Hé bien ! Je vous regarde.

5 ANGÉLIQUE. Toinette !

TOINETTE. Hé bien, quoi, « Toinette » ?

ANGÉLIQUE. Ne devines-tu point de quoi je veux parler ?

TOINETTE. Je m'en doute assez : de notre jeune amant[3], car c'est sur lui depuis six jours que roulent[4] tous nos entretiens,
10 et vous n'êtes point bien si vous n'en parlez à toute heure.

ANGÉLIQUE. Puisque tu connais cela, que[5] n'es-tu donc la première à m'en entretenir, et que ne m'épargnes-tu la peine de te jeter sur ce discours[6] ?

TOINETTE. Vous ne m'en donnez pas le temps, et vous avez
15 des soins[7] là-dessus qu'il est difficile de prévenir[8].

ANGÉLIQUE. Je t'avoue que je ne saurais me lasser de te parler de lui, et que mon cœur profite avec chaleur[9] de tous

---

1. **Languissant** : amoureusement tendre.
2. **Confidemment** : sur le ton de la confidence.
3. **Amant** : amoureux qui est aimé en retour.
4. **Roulent** : portent.
5. **Que** : pourquoi.
6. **Jeter sur ce discours** : de t'amener à évoquer ce sujet.
7. **Soins** : préoccupations.
8. **Prévenir** : anticiper.
9. **Chaleur** : empressement.

les moments de[1] s'ouvrir à toi. Mais dis-moi, condamnes-tu, Toinette, les sentiments que j'ai pour lui ?

20 TOINETTE. Je n'ai garde[2].

ANGÉLIQUE. Ai-je tort de m'abandonner à ces douces impressions[3] ?

TOINETTE. Je ne dis pas cela.

ANGÉLIQUE. Et voudrais-tu que je fusse insensible aux
25 tendres protestations de cette passion ardente qu'il témoigne pour moi ?

TOINETTE. À Dieu ne plaise[4] !

ANGÉLIQUE. Dis-moi un peu, ne trouves-tu pas, comme moi, quelque chose du ciel, quelque effet du destin, dans l'aventure
30 inopinée[5] de notre connaissance[6] ?

TOINETTE. Oui.

ANGÉLIQUE. Ne trouves-tu pas que cette action d'embrasser[7] ma défense sans me connaître est tout à fait d'un honnête[8] homme ?

35 TOINETTE. Oui.

ANGÉLIQUE. Que l'on ne peut en user plus généreusement[9] ?

---

1. **Les moments de :** les opportunités de.
2. **Je n'ai garde :** je m'en garderai bien.
3. **Impressions :** manifestations amoureuses, élans de tendresse.
4. **À Dieu ne plaise ! :** surtout pas !
5. **Inopinée :** inattendue.
6. **Connaissance :** rencontre amoureuse.
7. **Embrasser :** prendre.
8. **Honnête :** courtois et délicat. L'« honnête » homme incarne un idéal de comportement moral et social et représente le goût parfait à l'époque classique.
9. **Généreusement :** noblement.

TOINETTE. D'accord.

ANGÉLIQUE. Et qu'il fit tout cela de la meilleure grâce[1] du
40 monde ?

TOINETTE. Oh ! oui.

ANGÉLIQUE. Ne trouves-tu pas, Toinette, qu'il est bien fait
de sa personne ?

TOINETTE. Assurément.

45 ANGÉLIQUE. Qu'il a l'air[2] le meilleur du monde ?

TOINETTE. Sans doute.

ANGÉLIQUE. Que ses discours[3], comme ses actions, ont
quelque chose de noble ?

TOINETTE. Cela est sûr.

50 ANGÉLIQUE. Qu'on ne peut rien entendre de plus passionné
que tout ce qu'il me dit ?

TOINETTE. Il est vrai.

ANGÉLIQUE. Et qu'il n'est rien de plus fâcheux[4] que la
contrainte où l'on me tient, qui bouche[5] tout commerce[6]
55 aux doux empressements[7] de cette mutuelle ardeur que le
ciel nous inspire ?

TOINETTE. Vous avez raison.

---

1. De la meilleure grâce : de manière gracieuse, inspirée par le souci d'être
agréable.
2. L'air : l'apparence.
3. Discours : propos.
4. Fâcheux : pénible.
5. Bouche : interdit.
6. Commerce : entretien, échange.
7. Empressements : témoignages d'amours fervents.

ANGÉLIQUE. Mais, ma pauvre Toinette, crois-tu qu'il m'aime autant qu'il me le dit ?

60 TOINETTE. Hé ! hé ! ces choses-là parfois sont un peu sujettes à caution[1]. Les grimaces d'amour ressemblent fort à la vérité, et j'ai vu de grands comédiens là-dessus.

ANGÉLIQUE. Ah ! Toinette, que dis-tu là ? Hélas ! de la façon qu'il parle, serait-il bien possible qu'il ne me dît pas 65 vrai ?

TOINETTE. En tout cas, vous en serez bientôt éclaircie, et la résolution où il vous écrivit hier qu'il était de vous faire demander en mariage est une prompte voie à vous faire connaître s'il vous dit vrai ou non[3]. C'en sera là la bonne 70 preuve.

ANGÉLIQUE. Ah ! Toinette, si celui-là me trompe, je ne croirai de ma vie aucun homme.

TOINETTE. Voilà votre père qui revient.

---

1. **Sujettes à caution** : suspectes.
2. **Qu'** : dont.
3. **Et la résolution (...) vrai ou non** : et la lettre qu'il vous écrivit hier dans laquelle il exprimait sa résolution de vous demander en mariage est un moyen rapide pour vous informer sur la sincérité de ses intentions.

REPÈRES

• À l'issue de la scène 3, quelle question se pose le spectateur à propos d'Argan ? Quelle information importante fournit cette scène 4 ?

OBSERVATION

• **Angélique : l'emploi de « l'ingénue amoureuse ».**
La didascalie initiale : relevez les mots importants qui vont permettre d'orienter l'interprétation de la scène. Quel champ lexical retrouve-t-on le plus souvent dans les répliques de la jeune fille ? En quoi ce vocabulaire est-il en conformité avec l'emploi du personnage ? La tournure interrogative : à partir de la ligne 21, quelle est la particularité des questions que pose Angélique ? En quoi le fonctionnement même de ces questions permet-il de mieux comprendre les réponses de Toinette ?
• **Le portrait de Cléante :** relevez sous forme de tableau (quatre colonnes : épithètes, adverbes de manière, marques de degré, expressions superlatives) les formes d'expression caractéristiques utilisées dans la description du jeune homme. Quelle vision nous donnent-elles du jeune premier ? Vous paraît-elle objective ? Que nous apprennent-elles sur l'état d'esprit d'Angélique ?

INTERPRÉTATIONS

• **La vision de l'amour :** quelle réplique d'Angélique nous informe sur son expérience de l'amour ?
• **Sentiment et morale :** Angélique se montre-t-elle soucieuse des interdits que fait peser la morale sur l'épanouissement des sentiments ? Dans quelle réplique précisément ? De quelle manière surmonte-t-elle l'obstacle de la censure morale ?
• Quelle image Angélique se fait-elle de l'amour à travers le portrait de Cléante ? Cette vision vous paraît-elle trop idéalisée ?
• En quoi Toinette s'oppose-t-elle à la conception d'Angélique ?
• **La relation Toinette / Angélique :** Toinette n'est-elle qu'une confidente passagère ou peut-elle jouer un rôle substitutif beaucoup plus important pour la jeune fille ?

Scène 5. Argan, Angélique, Toinette.

Argan *se met dans sa chaise*. Oh çà, ma fille, je vais vous dire une nouvelle où[1] peut-être ne vous attendez-vous pas. On vous demande en mariage. Qu'est-ce que cela ? Vous riez ? Cela est plaisant, oui, ce mot de mariage. Il n'y a rien
5 de plus drôle pour les jeunes filles. Ah ! nature, nature ! À ce que je puis voir, ma fille, je n'ai que faire de vous demander si vous voulez bien vous marier.

Angélique. Je dois faire, mon père, tout ce qu'il vous plaira de m'ordonner.

10 Argan. Je suis bien aise d'avoir une fille si obéissante : la chose est donc conclue, et je vous ai promise[2].

Angélique. C'est à moi, mon père, de suivre aveuglément toutes vos volontés.

Argan. Ma femme, votre belle-mère, avait envie que je vous
15 fisse religieuse, et votre petite sœur Louison aussi ; et de tout temps elle a été aheurtée à cela[3].

Toinette *tout bas*. La bonne bête[4] a ses raisons.

Argan. Elle ne voulait point consentir à ce mariage ; mais je l'ai emporté, et ma parole est donnée.

20 Angélique. Ah ! mon père, que je vous suis obligée de toutes vos bontés !

Toinette. En vérité, je vous sais bon gré[5] de cela, et voilà l'action la plus sage que vous ayez faite de votre vie.

---

1. Où : à laquelle.
2. Promise : j'ai donné mon accord à un prétendant.
3. Aheurtée à cela : elle a toujours eu cette idée fixe.
4. Bonne bête : désigne Béline. Expression à valeur ironique et irrévérencieuse.
5. Je vous sais bon gré : je vous remercie grandement.

ARGAN. Je n'ai point encore vu la personne ; mais on m'a
25 dit que je serais content, et toi aussi.

ANGÉLIQUE. Assurément, mon père.

ARGAN. Comment ! L'as-tu vu ?

ANGÉLIQUE. Puisque votre consentement m'autorise à vous
ouvrir mon cœur, je ne feindrai point de vous dire[1] que le
30 hasard nous a fait connaître[2], il y a six jours, et que la
demande qu'on vous a faite est un effet de l'inclination[3] que,
dès cette première vue, nous avons prise l'un pour l'autre.

ARGAN. Ils ne m'ont pas dit cela, mais j'en suis bien aise et
c'est tant mieux que les choses soient de la sorte. Ils disent
35 que c'est un grand jeune garçon bien fait.

ANGÉLIQUE. Oui, mon père.

ARGAN. De belle taille.

ANGÉLIQUE. Sans doute.

ARGAN. Agréable de sa personne.

40 ANGÉLIQUE. Assurément.

ARGAN. De bonne physionomie.

ANGÉLIQUE. Très bonne.

ARGAN. Sage et bien né.

ANGÉLIQUE. Tout à fait.

45 ARGAN. Fort honnête[4].

ANGÉLIQUE. Le plus honnête du monde.

---

1. **Je ne feindrai point de vous dire** : je vous dirai franchement.
2. **Connaître** : rencontrer.
3. **Inclination** : attirance amoureuse.
4. **Honnête** : courtois, délicat, raffiné.

ARGAN. Qui parle bien latin et grec.

ANGÉLIQUE. C'est ce que je ne sais pas.

ARGAN. Et qui sera reçu médecin dans trois jours.

50 ANGÉLIQUE. Lui, mon père ?

ARGAN. Oui. Est-ce qu'il ne te l'a pas dit ?

ANGÉLIQUE. Non, vraiment. Qui vous l'a dit, à vous ?

ARGAN. Monsieur Purgon.

ANGÉLIQUE. Est-ce que monsieur Purgon le connaît ?

55 ARGAN. La belle demande ! Il faut bien qu'il le connaisse, puisque c'est son neveu.

ANGÉLIQUE. Cléante, neveu de monsieur Purgon ?

ARGAN. Quel Cléante ? Nous parlons de celui pour qui l'on t'a demandée en mariage.

60 ANGÉLIQUE. Hé ! oui.

ARGAN. Hé bien ! c'est le neveu de monsieur Purgon, qui est le fils de son beau-frère le médecin, monsieur Diafoirus ; et ce fils s'appelle Thomas Diafoirus, et non pas Cléante ; et nous avons conclu ce mariage-là ce matin, monsieur Purgon, 65 monsieur Fleurant et moi, et demain ce gendre prétendu[1] doit m'être amené par son père. Qu'est-ce ? Vous voilà toute ébaubie[2].

ANGÉLIQUE. C'est, mon père, que je connais que[3] vous avez parlé d'une personne, et que j'ai entendu une autre[4].

---

1. **Gendre prétendu :** futur gendre.
2. **Toute ébaubie :** plongée dans un grand étonnement (au point de balbutier).
3. **Je connais que :** je m'aperçois que.
4. **J'ai entendu une autre :** j'ai compris que vous parliez d'une autre.

70 Toinette. Quoi ! monsieur, vous auriez fait ce dessein burlesque[1] ? et, avec tout le bien que vous avez, vous voudriez marier votre fille avec un médecin ?

Argan. Oui. De quoi te mêles-tu, coquine, impudente que tu es ?

75 Toinette. Mon Dieu ! tout doux. Vous allez d'abord[2] aux invectives. Est-ce que nous ne pouvons pas raisonner ensemble sans nous emporter ? Là, parlons de sang-froid. Quelle est votre raison, s'il vous plaît, pour un tel mariage ?

Argan. Ma raison est que, me voyant infirme et malade
80 comme je suis, je veux me faire un gendre et des alliés[3] médecins, afin de m'appuyer de bons secours[4] contre ma maladie, d'avoir dans ma famille les sources des remèdes qui me sont nécessaires et d'être à même[5] des consultations et des ordonnances.

85 Toinette. Hé bien, voilà dire une raison, et il y a plaisir à se répondre doucement les uns aux autres. Mais, monsieur, mettez la main à la conscience[6]. Est-ce que vous êtes malade ?

Argan. Comment, coquine, si je suis malade ? si je suis
90 malade, impudente !

Toinette. Hé bien, oui, monsieur, vous êtes malade : n'ayons point de querelle là-dessus. Oui, vous êtes fort malade ; j'en demeure d'accord, et plus malade que vous ne pensez : voilà qui est fait. Mais votre fille doit épouser un

---

1. **Fait ce dessein burlesque** : résolu ce projet ridicule.
2. **Vous allez d'abord** : vous commencez par des invectives.
3. **Alliés** : parents par alliance.
4. **M'appuyer de bons secours** : me pourvoir de bons secours.
5. **Être à même** : être en état de bénéficier.
6. **Mettez la main à la conscience** : interrogez votre conscience.

95 mari pour elle, et, n'étant point malade[1], il n'est pas nécessaire de lui donner un médecin.

ARGAN. C'est pour moi que je lui donne ce médecin ; et une
fille de bon naturel doit être ravie d'épouser ce qui[2] est utile
à la santé de son père.

100 TOINETTE. Ma foi, monsieur, voulez-vous qu'en amie je
vous donne un conseil ?

ARGAN. Quel est-il, ce conseil ?

TOINETTE. De ne point songer à ce mariage-là.

ARGAN. Et la raison ?

105 TOINETTE. La raison, c'est que votre fille n'y consentira
point.

ARGAN. Elle n'y consentira point ?

TOINETTE. Non.

ARGAN. Ma fille ?

110 TOINETTE. Votre fille. Elle vous dira qu'elle n'a que faire de
monsieur Diafoirus, ni de son fils Thomas Diafoirus, ni de
tous les Diafoirus du monde.

ARGAN. J'en ai affaire[3], moi, outre que le parti est plus
avantageux qu'on ne pense : monsieur Diafoirus n'a que ce
115 fils-là pour tout héritier ; et de plus monsieur Purgon, qui n'a
ni femme ni enfants, lui donne tout son bien en faveur de ce
mariage : et monsieur Purgon est un homme qui a huit mille
bonnes livres de rente[4].

---

1. N'étant point malade : comme elle n'est pas malade.
2. Ce qui : quelqu'un qui.
3. J'en ai affaire : j'en ai besoin.
4. Rente : revenu.

TOINETTE. Il faut qu'il ait tué bien des gens pour s'être fait
120 si riche.

ARGAN. Huit mille livres de rente sont quelque chose, sans
compter le bien du père.

TOINETTE. Monsieur, tout cela est bel et bon ; mais j'en
reviens toujours là. Je vous conseille entre nous de lui choisir
125 un autre mari, et elle n'est point faite pour être madame
Diafoirus.

ARGAN. Et je veux, moi, que cela soit.

TOINETTE. Eh ! fi[1] ! ne dites pas cela.

ARGAN. Comment ! que je ne dise pas cela ?

130 TOINETTE. Hé ! non.

ARGAN. Et pourquoi ne le dirai-je pas ?

TOINETTE. On dira que vous ne songez pas[2] à ce que vous
dites.

ARGAN. On dira ce qu'on voudra, mais je vous dis que je
135 veux qu'elle exécute la parole que j'ai donnée.

TOINETTE. Non, je suis sûre qu'elle ne le fera pas.

ARGAN. Je l'y forcerai bien.

TOINETTE. Elle ne le fera pas, vous dis-je.

ARGAN. Elle le fera, ou je la mettrai dans un couvent.

140 TOINETTE. Vous ?

ARGAN. Moi.

---

1. **Fi !** : interjection qui exprime la réprobation.
2. **Vous ne songez pas** : vous ne réfléchissez pas.

TOINETTE. Bon[1] !

ARGAN. Comment, bon ?

TOINETTE. Vous ne la mettrez point dans un couvent.

145 ARGAN. Je ne la mettrai point dans un couvent ?

TOINETTE. Non.

ARGAN. Non ?

TOINETTE. Non.

ARGAN. Ouais[2] ! Voici qui est plaisant ! Je ne mettrai pas
150 ma fille dans un couvent, si je veux ?

TOINETTE. Non, vous dis-je.

ARGAN. Qui m'en empêchera ?

TOINETTE. Vous-même.

ARGAN. Moi ?

155 TOINETTE. Oui. Vous n'aurez pas ce cœur[3]-là.

ARGAN. Je l'aurai.

TOINETTE. Vous vous moquez.

ARGAN. Je ne me moque point.

TOINETTE. La tendresse paternelle vous prendra.

160 ARGAN. Elle ne me prendra point.

TOINETTE. Une petite larme ou deux, des bras jetés au cou,
un « mon petit papa mignon » prononcé tendrement, sera
assez pour vous toucher.

---

1. **Bon** : bien. Il s'agit d'une approbation ironique de la part de Toinette.
2. **Ouais** : équivalent approximatif de « Tiens donc ! ».
3. **Cœur** : courage.

ARGAN. Tout cela ne fera rien.

165 TOINETTE. Oui, oui.

ARGAN. Je vous dis que je n'en démordrai point.

TOINETTE. Bagatelles[1].

ARGAN. Il ne faut point dire : bagatelles.

TOINETTE. Mon Dieu, je vous connais, vous êtes bon
170 naturellement.

ARGAN, *avec emportement.* Je ne suis point bon, et je suis
méchant quand je veux.

TOINETTE. Doucement, monsieur, vous ne songez pas que
vous êtes malade.

175 ARGAN. Je lui commande absolument de se préparer à
prendre le mari que je dis.

TOINETTE. Et moi, je lui défends absolument d'en faire rien.

ARGAN. Où est-ce donc que nous sommes ? et quelle audace
est-ce là à une coquine de servante de parler de la sorte
180 devant son maître ?

TOINETTE. Quand un maître ne songe pas à ce qu'il fait,
une servante bien sensée[2] est en droit de le redresser[3].

ARGAN *court après Toinette.* Ah ! insolente, il faut que je
t'assomme.

185 TOINETTE *se sauve de lui.* Il est de mon devoir de m'opposer
aux choses qui vous peuvent déshonorer.

---

1. **Bagatelles** : chansons, balivernes. Expression qui marque l'incrédulité.
2. **Bien sensée** : pourvue de bon sens et de sagesse.
3. **Redresser** : remettre sur la bonne voie.

ARGAN, *en colère, court après elle autour de sa chaise, son bâton à la main.* Viens, viens, que je t'apprenne à parler.

TOINETTE, *courant et se sauvant du côté de la chaise où n'est pas Argan.* Je m'intéresse[1], comme je dois, à ne vous point laisser faire de folie.

190 ARGAN. Chienne !

TOINETTE. Non, je ne consentirai jamais à ce mariage.

ARGAN. Pendarde[2] !

TOINETTE. Je ne veux point qu'elle épouse votre Thomas Diafoirus.

195 ARGAN. Carogne !

TOINETTE. Et elle m'obéira plutôt qu'à vous.

ARGAN. Angélique, tu ne veux pas m'arrêter cette coquine-là ?

ANGÉLIQUE. Eh ! mon père, ne vous faites[3] point malade.

ARGAN. Si tu ne me l'arrêtes, je te donnerai ma 200 malédiction.

TOINETTE. Et moi, je la déshériterai si elle vous obéit.

ARGAN *se jette dans sa chaise, étant las de courir après elle.* Ah ! ah ! je n'en puis plus. Voilà pour me faire mourir.

---

1. **Je m'intéresse :** je suis soucieuse de.
2. **Pendarde :** qui mérite la corde (terme d'injure).
3. **Faites :** rendez.

REPÈRES

• Exposition : relevez les informations importantes concernant le projet d'Argan, sa fortune personnelle, le statut de Béline dans la famille, le statut du prétendant et son origine.
• Quel nom donne-t-on à un malentendu au théâtre ?

OBSERVATION

• **Le malentendu :** quelle association d'idées se fait dans l'esprit d'Angélique à l'écoute des propos de son père ? « *On* », « *la person-ne* », « *l'* », « *ils* » : en quoi ces expressions favorisent-elles le malen-tendu ? N'est-ce pas également le cas de « *je vous ai promise* » (l. 11) et « *ma parole est donnée* » (l. 19) ? Pourquoi ?
• Où commence le portrait du prétendant par Argan ? En quoi la description du futur mari favorise-t-elle là encore la méprise d'Angélique ?
• **L'écriture du dialogue :** relevez des exemples qui montrent que l'enchaînement des répliques correspond à une reprise des mots de l'interlocuteur.
• L. 175 et l. 177 : quel est le procédé d'enchaînement ici ? En quoi provoque-t-il un retournement imprévisible ?

INTERPRÉTATIONS

• **Le comique :** montrez que les différents mouvements de la scène correspondent chaque fois à une dominante comique. Quelles sont les fonctions du comique dans une telle scène ?
• **La relation maître / servante :** l. 127. Dans cet énoncé, l'emploi du verbe « vouloir » correspond à un acte de langage. En disant « *je veux* », Argan exprime l'acte de prendre une résolution, voire de donner un ordre. Montrez que la stratégie de Toinette consiste à mettre en échec Argan en mettant en échec ses actes de langage (autrement dit, en l'empêchant de <u>dire</u>, elle l'empêche de <u>faire</u>).
• L. 177 : à quoi correspond le verbe « défendre » ? Toinette appa-raît-elle encore comme une servante ? En quoi peut-on dire qu'elle subvertit l'autorité de son maître ?

Argan (Michel Bouquet) et Béline (Arièle Semenoff)
dans une mise en scène de Pierre Boutron.
Théâtre de l'Atelier, 1987.

SCÈNE 6. BÉLINE, ANGÉLIQUE, TOINETTE, ARGAN.

ARGAN. Ah ! ma femme, approchez.

BÉLINE. Qu'avez-vous, mon pauvre mari ?

ARGAN. Venez-vous-en[1] ici à mon secours.

BÉLINE. Qu'est-ce que c'est donc qu'il y a, mon petit fils ?

5 ARGAN. Mamie[2].

BÉLINE. Mon ami.

ARGAN. On vient de me mettre en colère.

BÉLINE. Hélas ! pauvre petit mari ! Comment donc, mon ami ?

10 ARGAN. Votre coquine de Toinette est devenue plus insolente que jamais.

BÉLINE. Ne vous passionnez donc point[3].

ARGAN. Elle m'a fait enrager, mamie.

BÉLINE. Doucement, mon fils.

15 ARGAN. Elle a contrecarré[4], une heure durant, les choses que je veux faire.

BÉLINE. Là, là, tout doux !

ARGAN. Et a eu l'effronterie de me dire que je ne suis point malade.

---

1. **Venez-vous-en** : venez.
2. **Mamie** : mon amie.
3. **Ne vous passionnez donc point** : ne vous laissez donc pas emporter.
4. **Elle a contrecarré** : elle s'est opposée à.

20 BÉLINE. C'est une impertinente.

ARGAN. Vous savez, mon cœur, ce qui en est.

BÉLINE. Oui, mon cœur, elle a tort.

ARGAN. M'amour[1], cette coquine-là me fera mourir.

BÉLINE. Hé, là ! hé, là !

25 ARGAN. Elle est cause de toute la bile que je fais.

BÉLINE. Ne vous fâchez point tant.

ARGAN. Et il y a je ne sais combien que je vous dis de me la chasser.

BÉLINE. Mon Dieu, mon fils, il n'y a point de serviteurs et
30 de servantes qui n'aient leurs défauts. On est contraint parfois de souffrir leurs mauvaises qualités à cause des bonnes. Celle-ci est adroite, soigneuse, diligente[2], et surtout fidèle[3] ; et vous savez qu'il faut maintenant de grandes précautions pour les gens que l'on prend. Holà ! Toinette !

35 TOINETTE. Madame.

BÉLINE. Pourquoi donc est-ce que vous mettez mon mari en colère ?

TOINETTE, *d'un ton doucereux*[4]. Moi, madame ? Hélas ! je ne sais pas ce que vous voulez dire, et je ne songe qu'à
40 complaire à monsieur en toutes choses.

ARGAN. Ah ! la traîtresse !

TOINETTE. Il nous a dit qu'il voulait donner sa fille en mariage au fils de monsieur Diafoirus ; je lui ai répondu que

---

1. **M'amour** : mon amour.
2. **Diligente** : d'un zèle empressé.
3. **Fidèle** : scrupuleusement honnête.
4. **D'un ton doucereux** : d'une douceur feinte et hypocrite.

je trouvais le parti avantageux pour elle, mais que je croyais
45 qu'il ferait mieux de la mettre dans un couvent.

BÉLINE. Il n'y a pas grand mal à cela, et je trouve qu'elle
a raison.

ARGAN. Ah ! m'amour, vous la croyez ! C'est une scélérate,
elle m'a dit cent insolences.

50 BÉLINE. Hé bien, je vous crois, mon ami. Là, remettez-vous.
Écoutez, Toinette : si vous fâchez jamais[1] mon mari, je vous
mettrai dehors. Çà[2], donnez-moi son manteau fourré et des
oreillers, que je l'accommode[3] dans sa chaise. Vous voilà je
ne sais comment. Enfoncez bien votre bonnet jusque sur vos
55 oreilles ; il n'y a rien qui enrhume tant que de prendre l'air
par les oreilles.

ARGAN. Ah ! mamie, que je vous suis obligé de tous les soins
que vous prenez de moi !

BÉLINE *accommodant les oreillers qu'elle met autour
d'Argan*. Levez-vous, que je mette ceci sous vous. Mettons
60 celui-ci pour vous appuyer, et celui-là de l'autre côté. Mettons
celui-ci derrière votre dos, et cet autre-là pour soutenir
votre tête.

TOINETTE, *lui mettant rudement un oreiller sur la tête, et
puis fuyant*. Et celui-ci pour vous garder du serein[4].

ARGAN *se lève en colère et jette tous les oreillers à
Toinette*. Ah ! coquine, tu veux m'étouffer.

65 BÉLINE. Hé, là ! hé, là ! Qu'est-ce que c'est donc ?

_____

1. **Si vous fâchez jamais** : si vous le mettez un jour en colère.
2. **Çà** : interjection qui sert à introduire un ordre (équivalent approximatif de
« Allons ! »).
3. **Que je l'accommode** : que je l'installe plus confortablement dans son siège.
4. **Serein** : humidité et fraîcheur du soir.

ARGAN, *tout essoufflé, se jette dans sa chaise*. Ah ! ah ! ah ! je n'en puis plus.

BÉLINE. Pourquoi vous emporter ainsi ? Elle a cru faire bien.

ARGAN. Vous ne connaissez pas, m'amour, la malice[1] de la
70 pendarde. Ah ! elle m'a mis tout hors de moi ; et il faudra plus de huit médecines et douze lavements pour réparer tout ceci.

BÉLINE. Là, là, mon petit ami, apaisez-vous un peu.

ARGAN. Mamie, vous êtes toute ma consolation.

75 BÉLINE. Pauvre petit fils !

ARGAN. Pour tâcher de reconnaître l'amour que vous me portez, je veux, mon cœur, comme je vous ai dit, faire mon testament.

BÉLINE. Ah ! mon ami, ne parlons point de cela, je vous
80 prie ; je ne saurais souffrir[2] cette pensée, et le seul mot de testament me fait tressaillir de douleur.

ARGAN. Je vous avais dit de parler pour cela à votre notaire.

BÉLINE. Le voilà là-dedans[3] que j'ai amené avec moi.

ARGAN. Faites-le donc entrer, m'amour.

85 BÉLINE. Hélas ! mon ami, quand on aime bien un mari, on n'est guère en état de songer à tout cela.

---

1. **Malice** : méchanceté.
2. **Souffrir** : tolérer.
3. **Là-dedans** : dans la pièce d'à côté.

REPÈRES

• Quelle information décisive apporte cette scène ?

OBSERVATION

• **Un curieux couple :** relevez les apostrophes qui désignent Argan dans les premières répliques de Béline. Comment se comporte-t-elle à l'égard de son mari ? Ce comportement n'est-il pas justifié par l'attitude d'Argan ?
• Béline adopte-t-elle la même attitude que Toinette à l'égard de la « *maladie* » d'Argan ? Quels types d'expressions utilise-t-elle pour le calmer ? Quelle initiative prévenante prend-elle pour l'installer confortablement ? Comment Argan interprète-t-il cette initiative ?
• **Toinette :** en quoi son mensonge est-il habile ?
• **Le comique de geste :** en quoi consiste-t-il ici ? Dégagez l'importance des didascalies (l. 63-73).

INTERPRÉTATIONS

• **Béline :** quelle remarque de Toinette nous a déjà informés sur ce personnage ? Quel soupçon s'en dégageait ? Se contente-t-elle de croire en la maladie d'Argan, ou s'efforce-t-elle aussi d'entretenir cette lubie ? Quel détail le montre ? En quoi cette obsession de la maladie chez Argan sert-elle le projet de Béline ?
• **L'humeur et les humeurs :** la colère d'Argan. Relevez les termes du champ lexical de la colère dans le début. Est-ce un trait de comportement important du personnage ? Quel autre personnage attirera notre attention sur le comportement colérique d'Argan à l'acte III ? Quel lien y a-t-il entre le mental et le physique dans le discours d'Argan ?
• « *Ne vous passionnez donc point* » (l. 12) : Argan est dominé par ses passions, ses humeurs, ses impulsions. À quoi peut s'opposer la passion dans ce contexte ? Y a-t-il des points communs entre lui et d'autres figures d'extravagants du théâtre de Molière comme Arnolphe, Orgon, Alceste, Harpagon ?

SCÈNE 7. LE NOTAIRE, BÉLINE, ARGAN.

ARGAN. Approchez, monsieur de Bonnefoi, approchez. Prenez un siège, s'il vous plaît. Ma femme m'a dit, monsieur, que vous étiez fort honnête homme, et tout à fait de ses amis : et je l'ai chargée de vous parler pour [1] un testament que je
5 veux faire.

BÉLINE. Hélas ! je ne suis point capable de parler de ces choses-là.

LE NOTAIRE. Elle m'a, monsieur, expliqué vos intentions et le dessein où vous êtes pour elle [2] ; et j'ai à vous dire là-dessus
10 que vous ne sauriez rien donner à votre femme par votre testament.

ARGAN. Mais pourquoi ?

LE NOTAIRE. La Coutume [3] y résiste. Si vous étiez en pays de droit écrit, cela se pourrait faire ; mais à Paris et dans les
15 pays coutumiers, au moins dans la plupart, c'est ce qui ne se peut, et la disposition [4] serait nulle. Tout l'avantage qu'homme et femme conjoints par mariage se peuvent faire l'un à l'autre, c'est un don mutuel entre vifs [5] ; encore faut-il qu'il n'y ait enfants, soit des deux conjoints, ou de l'un d'eux, lors
20 du décès du premier mourant.

ARGAN. Voilà une Coutume bien impertinente [6], qu'un mari ne puisse rien laisser à une femme dont il est aimé tendrement

---

1. Pour : à propos d'un testament.
2. Le dessein où vous êtes pour elle : vos intentions la concernant.
3. Coutume : tradition juridique propre à chaque province qui s'oppose au droit écrit. Au XVIIᵉ siècle, on opposait ainsi Paris, le Centre et le Nord, pays coutumiers, au Midi, pays de droit écrit.
4. Disposition : acte notarié par lequel on dispose de son bien pour le léguer.
5. Vifs : vivants (terme juridique).
6. Impertinente : insensée, extravagante.

et qui prend de lui tant de soin ! J'aurais envie de consulter mon avocat pour voir comment je pourrais faire.

25 LE NOTAIRE. Ce n'est point à des avocats qu'il faut aller, car ils sont d'ordinaire sévères là-dessus et s'imaginent que c'est un grand crime que de disposer en fraude de la loi. Ce sont gens de difficultés[1], et qui sont ignorants des détours de la conscience[2]. Il y a d'autres personnes à consulter qui sont
30 bien plus accommodantes, qui ont des expédients[3] pour passer doucement par-dessus la loi et rendre juste ce qui n'est pas permis, qui savent aplanir les difficultés d'une affaire et trouver les moyens d'éluder[4] la Coutume par quelque avantage indirect. Sans cela, où en serions-nous tous les jours ? Il
35 faut de la facilité dans les choses ; autrement nous ne ferions rien, et je ne donnerais pas un sou de notre métier.

ARGAN. Ma femme m'avait bien dit, monsieur, que vous étiez fort habile et fort honnête homme. Comment puis-je faire, s'il vous plaît, pour lui donner mon bien et en frustrer
40 mes enfants ?

LE NOTAIRE. Comment vous pouvez faire ? Vous pouvez choisir doucement[5] un ami intime de votre femme, auquel vous donnerez en bonne forme[6] par votre testament tout ce que vous pouvez ; et cet ami ensuite lui rendra tout. Vous
45 pouvez encore contracter un grand nombre d'obligations[7] non suspectes au profit de divers créanciers[8], qui prêteront

---

1. **Gens de difficultés** : individus susceptibles de créer des embarras.
2. **Détours de la conscience** : moyens de tourner la loi à son profit sans se compromettre.
3. **Expédients** : recettes ingénieuses.
4. **Éluder** : contourner.
5. **Doucement** : en toute discrétion.
6. **En bonne forme** : conformément au droit (qui autorise le légataire à disposer de la moitié de ses biens, l'autre moitié revenant légitimement aux enfants).
7. **Obligation** : acte notarié qui atteste que l'on doit de l'argent à un créancier.
8. **Créancier** : celui à qui l'on doit de l'argent.

leur nom à votre femme, et entre les mains de laquelle ils mettront leur déclaration que ce qu'ils en ont fait n'a été que pour lui faire plaisir. Vous pouvez aussi, pendant que vous 50 êtes en vie, mettre entre ses mains de l'argent comptant, ou des billets [1] que vous pourrez avoir payables au porteur [2].

BÉLINE. Mon Dieu ! Il ne faut point vous tourmenter de tout cela. S'il vient faute de vous [3], mon fils, je ne veux plus rester au monde.

55 ARGAN. Mamie !

BÉLINE. Oui, mon ami, si je suis assez malheureuse pour vous perdre...

ARGAN. Ma chère femme !

BÉLINE. La vie ne me sera plus de rien.

60 ARGAN. M'amour !

BÉLINE. Et je suivrai vos pas pour vous faire connaître la tendresse que j'ai pour vous.

ARGAN. Mamie, vous me fendez le cœur. Consolez-vous, je vous en prie.

65 LE NOTAIRE. Ces larmes sont hors de saison [4], et les choses n'en sont point encore là.

BÉLINE. Ah ! monsieur, vous ne savez pas ce que c'est qu'un mari qu'on aime tendrement.

---

1. **Billet** : document attestant que l'on est débiteur, c'est-à-dire que l'on doit de l'argent.
2. **Payable au porteur** : payable à celui qui est en possession du billet.
3. **S'il vient faute de vous** : si vous décédez.
4. **Hors de saison** : intempestives.

ARGAN. Tout le regret que j'aurai, si je meurs, mamie, c'est
70 de n'avoir point un enfant de vous. Monsieur Purgon m'avait
dit qu'il m'en ferait faire un.

LE NOTAIRE. Cela pourra venir encore.

ARGAN. Il faut faire mon testament, m'amour, de la façon
que monsieur dit ; mais par précaution je veux vous mettre
75 entre les mains vingt mille francs en or[1], que j'ai dans le
lambris[2] de mon alcôve[3], et deux billets payables au
porteur, qui me sont dus, l'un par monsieur Damon, et
l'autre par monsieur Géronte.

BÉLINE. Non, non, je ne veux point de tout cela. Ah !
80 combien dites-vous qu'il y a dans votre alcôve ?

ARGAN. Vingt mille francs, m'amour.

BÉLINE. Ne me parlez point de bien, je vous prie. Ah ! de
combien sont les deux billets ?

ARGAN. Ils sont, ma mie, l'un de quatre mille francs, et
85 l'autre de six.

BÉLINE. Tous les biens du monde, mon ami, ne me sont rien
au prix de vous.

LE NOTAIRE. Voulez-vous que nous procédions au
testament ?

90 ARGAN. Oui, monsieur, mais nous serons mieux dans mon
petit cabinet[4]. M'amour, conduisez-moi, je vous prie.

BÉLINE. Allons, mon pauvre petit fils.

---

1. **Vingt mille francs en or** : de 100 000 à 300 000 francs.
2. **Lambris** : assemblage décoratif de lattes de bois fixées sur un mur, derrière
lequel on peut dissimuler quelque chose.
3. **Alcôve** : enfoncement aménagé dans le mur d'une chambre destiné à
accueillir un ou plusieurs lits.
4. **Cabinet** : petit local contenant un bureau.

SCÈNE 8. ANGÉLIQUE, TOINETTE.

TOINETTE. Les voilà avec un notaire, et j'ai ouï parler de testament. Votre belle-mère ne s'endort point, et c'est sans doute quelque conspiration contre vos intérêts où[1] elle pousse votre père.

5 ANGÉLIQUE. Qu'il dispose de son bien à sa fantaisie[2], pourvu qu'il ne dispose point de mon cœur. Tu vois, Toinette, les desseins violents[3] que l'on fait sur lui[4]. Ne m'abandonne point, je te prie, dans l'extrémité[5] où je suis.

TOINETTE. Moi, vous abandonner ? j'aimerais mieux mou-
10 rir. Votre belle-mère a beau me faire sa confidente et me vouloir jeter dans ses intérêts, je n'ai jamais pu avoir d'inclination pour elle, et j'ai toujours été de votre parti. Laissez-moi faire, j'emploierai toute chose pour vous servir ; mais, pour vous servir avec plus d'effet, je veux changer de batterie[6], couvrir[7]
15 le zèle que j'ai pour vous, et feindre d'entrer dans les sentiments de votre père et de votre belle-mère.

ANGÉLIQUE. Tâche, je t'en conjure, de faire donner avis à[8] Cléante du mariage qu'on a conclu.

TOINETTE. Je n'ai personne à employer à cet office que le
20 vieux usurier[9] Polichinelle[10], mon amant[11], et il m'en coûtera pour cela quelques paroles de douceur, que je veux bien

---

1. **Où** : à laquelle.
2. **À sa fantaisie** : comme il l'entend.
3. **Desseins violents** : projets autoritaires et contraignants.
4. **Sur lui** : contre mon cœur.
5. **L'extrémité** : situation épouvantable.
6. **Changer de batterie** : mettre en œuvre une autre stratégie.
7. **Couvrir** : dissimuler.
8. **Faire donner avis à** : faire prévenir.
9. **Usurier** : personne qui prête de l'argent à des taux très élevés.
10. **Polichinelle** : personnage type de la commedia dell'arte (comédie italienne).
11. **Amant** : qui aime et est aimé.

dépenser pour vous. Pour aujourd'hui, il est trop tard ; mais demain, de grand matin, je l'enverrai quérir[1], et il sera ravi de...

25 BÉLINE. Toinette !

TOINETTE. Voilà qu'on m'appelle. Bonsoir. Reposez-vous sur moi.

(Le théâtre change et représente une ville.)

---

1. **Quérir** : chercher.

Polichinelle.
Gravure de Bonnart
(XVIIᵉ siècle).
Musée Carnavalet.

PREMIER INTERMÈDE

Polichinelle dans la nuit vient pour donner une sérénade[1]
à sa maîtresse[2]. *Il est interrompu d'abord par des violons,*
contre lesquels il se met en colère, et ensuite par le guet[3],
composé de musiciens et de danseurs.

POLICHINELLE. Ô amour, amour, amour, amour ! Pauvre
Polichinelle, quelle diable de fantaisie t'es-tu allé mettre dans
la cervelle ? À quoi t'amuses-tu[4], misérable insensé que tu
es ? Tu quittes le soin de ton négoce, et tu laisses aller tes
5 affaires à l'abandon. Tu ne manges plus, tu ne bois presque
plus, tu perds le repos de la nuit, et tout cela pour qui ? Pour
une dragonne[5], franche dragonne ; une diablesse qui te rembarre[6] et se moque de tout ce que tu peux lui dire. Mais il
n'y a point à raisonner là-dessus : tu le veux, amour ; il faut
10 être fou comme beaucoup d'autres. Cela n'est pas le mieux
du monde à[7] un homme de mon âge ; mais qu'y faire ? On
n'est pas sage quand on veut, et les vieilles cervelles se démontent[8] comme les jeunes.
Je viens voir si je ne pourrai point adoucir ma tigresse par une
15 sérénade. Il n'y a rien parfois qui soit si touchant qu'un amant
qui vient chanter ses doléances[9] aux gonds et aux verrous de
la porte de sa maîtresse. Voici de quoi accompagner ma voix.

---

1. **Sérénade :** concert, avec voix et guitare le plus souvent, que le galant donnait la nuit sous les fenêtres de la belle, en signe d'hommage amoureux.
2. **Maîtresse :** la femme qu'il aime et qu'il convoite.
3. **Le guet :** patrouille de surveillance nocturne.
4. **À quoi t'amuses-tu ? :** à quoi gaspilles-tu ton temps ?
5. **Dragonne :** femme acariâtre (féminin de « dragon »).
6. **Rembarre :** repousse avec rudesse, rabroue.
7. **À :** pour.
8. **Démontent :** dérèglent.
9. **Doléances :** plaintes amoureuses.

Ô nuit, ô chère nuit, porte mes plaintes amoureuses jusque dans le lit de mon inflexible[1].
(Il chante ces paroles.)

TEXTE

20 Notte e dì v'amo e v'adoro,
Cerco un sì per mio ristoro ;
Ma se voi dite di no,
Bell' ingrata, io morirò.
Fra la speranza
25 S'afflige il cuore,
In lontananza
Consuma l'hore ;
Si dolce inganno
Che mi figura
30 Breve l'affanno,
Ahi ! troppo dura.
Cosi per tropp'amar languisco e muoro.
Notte e dì v'amo e v'adoro,
Cerco un sì per mio ristoro ;
35 Ma se voi dite di no,
Bell' ingrata, io morirò.
Se non dormite,
Almen pensate
Alle ferite
40 Ch'al cuor mi fate ;
Deh ! almen fingete,
Per mio conforto,
Se m'uccidete,
D'haver il torto :
45 Vostra pietà mi scemerà il martoro.

---

1. **Inflexible** : personne qu'on ne peut fléchir (terme galant).

TRADUCTION

20 Nuit et jour, je vous aime, je vous adore,
Je cherche un « oui » pour mon réconfort ;
Mais si vous dites « non » encore,
Belle ingrate, ce sera ma mort.
Dans l'espérance
25 S'afflige mon cœur,
Dans l'absence
Se consume l'heure ;
Une si douce méprise
Qui me figure
30 La fin de ma hantise,
Hélas ! beaucoup trop dure !
Ainsi par trop aimer je languis et je meurs.
Nuit et jour, je vous aime, je vous adore,
Je cherche un « oui » pour mon réconfort ;
35 Mais si vous dites « non » encore,
Belle ingrate, ce sera ma mort.
Si vous ne dormez,
Au moins pensez
Aux plaies insensées
40 Qu'à mon cœur infligez ;
Ah ! au moins simulez,
Pour mon réconfort,
Si vous me tuez,
D'être dans vos torts :
45 Votre pitié adoucira pour moi le martyre de mort.

Notte e dì v'amo e v'adoro,
Cerco un sì per mio ristoro ;
Ma se voi dite di no,
Bell' ingrata, io morirò.

Une vieille se présente à la fenêtre, et répond au signor Poli-
chinelle en se moquant de lui.

TEXTE

50 Zerbinetti, ch' ogn' hor con finti sguardi,
Mentiti desiri,
Fallaci sospiri,
Accenti buggiardi,
Di fede vi preggiate,
55 Ah ! che non m'ingannate.
Che gia so per prova
Ch'in voi non si trova
Constanza ne fede ;
Oh ! quanto è pazza colei che vi crede !
60 Quei sguardi languidi
Non m'innamorano,
Quei sospir fervidi
Più non m'infiammano ;
Vel giuro a fe.
65 Zerbino misero,
Del vostro piangere
Il mio cor libero
Vuol sempre ridere,
Credet' a me :
70 Che già so per prova
Ch'in voi non si trova
Constanza ne fede ;
Oh ! quanto è pazza colei che vi crede !

Nuit et jour, je vous aime, je vous adore,
Je cherche un « oui » pour mon réconfort ;
Mais si vous dites « non » encore,
Belle ingrate, ce sera ma mort.

TRADUCTION

50 Galants, qui, à toute heure, avec de faux regards,
Des désirs menteurs,
Des soupirs trompeurs,
Des accents hâbleurs[1],
De constance vous vantez,
55 Ah ! point ne me trompez !
Car je sais et prouve
Qu'en vous ne se trouve
Constance ni foi ;
Oh ! bien folle est qui vous croit !
60 Ces regards langoureux
Ne me touchent point l'âme,
Ces soupirs amoureux
N'allument plus ma flamme ;
Je vous jure ma foi.
65 Galant de peu d'aloi,
De votre déplaisir
Mon cœur libre de foi
Veut toujours se rire,
Et bien m'en croyez :
70 Car je sais et prouve
Qu'en vous ne se trouve
Constance ni foi ;
Oh ! bien folle est qui vous croit !

---

1. **Hâbleurs** : bavards et vantards.

(Violons.)

POLICHINELLE. Quelle impertinente harmonie vient inter-
75 rompre ici ma voix ?

(Violons.)

POLICHINELLE. Paix là ! taisez-vous, violons. Laissez-moi
me plaindre à mon aise des cruautés de mon inexorable[1].

(Violons.)

POLICHINELLE. Taisez-vous, vous dis-je ! C'est moi qui
veux chanter.

(Violons.)

80 POLICHINELLE. Paix donc !

(Violons.)

POLICHINELLE. Ouais !

(Violons.)

POLICHINELLE. Ahi !

(Violons.)

POLICHINELLE. Est-ce pour rire ?

(Violons.)

POLICHINELLE. Ah ! que de bruit !

(Violons.)

85 POLICHINELLE. Le diable vous emporte !

(Violons.)

POLICHINELLE. J'enrage !

(Violons.)

POLICHINELLE. Vous ne vous tairez pas ? Ah ! Dieu soit
loué !

(Violons.)

POLICHINELLE. Encore ?

(Violons.)

90 POLICHINELLE. Peste des violons !

(Violons.)

---

1. **Inexorable** : inflexible.

POLICHINELLE. La sotte musique que voilà !
(*Violons.*)

POLICHINELLE, *chantant pour se moquer des violons.* La, la, la, la, la, la.

(*Violons.*)

POLICHINELLE. La, la, la, la, la, la.
(*Violons.*)

95 POLICHINELLE. La, la, la, la, la, la.
(*Violons.*)

POLICHINELLE. La, la, la, la, la, la.
(*Violons.*)

POLICHINELLE. La, la, la, la, la, la.
(*Violons.*)

POLICHINELLE, *avec un luth, dont il ne joue que des lèvres et de la langue, en disant :* plin, tan, plan, *etc.* Par ma foi, cela me divertit. Poursuivez, messieurs les violons, vous me
100 ferez plaisir. Allons donc, continuez, je vous en prie. Voilà le moyen de les faire taire. La musique est accoutumée à ne point faire ce qu'on veut. Oh ! sus, à nous ! Avant que de chanter, il faut que je prélude un peu et joue quelque pièce, afin de mieux prendre mon ton. Plan, plan, plan. Plin,
105 plin, plin. Voilà un temps fâcheux pour mettre un luth d'accord. Plin, plin, plin. Plin, tan, plan. Plin, plin. Les cordes ne tiennent point par ce temps-là. Plin, plan. J'entends du bruit. Mettons mon luth contre la porte.

ARCHERS, *passant dans la rue, accourent au bruit qu'ils entendent et demandent en chantant.* Qui va là ? Qui va là ?

110 POLICHINELLE, *tout bas.* Qui diable est-ce là ? Est-ce que c'est la mode de parler en musique ?

ARCHERS. Qui va là ? qui va là ? Qui va là ?

POLICHINELLE, *épouvanté.* Moi, moi, moi.

ARCHERS. Qui va là ? qui va là ? vous dis-je.

115 POLICHINELLE. Moi, moi, vous dis-je.

ARCHERS. Et qui toi ? et qui toi ?

POLICHINELLE. Moi, moi, moi, moi, moi, moi.

ARCHERS

Dis ton nom, dis ton nom, sans davantage attendre.

POLICHINELLE, *feignant d'être bien hardi.*

120 Mon nom est « Va te faire pendre ».

ARCHERS

Ici camarades, ici.

Saisissons l'insolent qui nous répond ainsi.

ENTRÉE DE BALLET

Tout le guet vient, qui cherche Polichinelle dans la nuit.
(Violons et danseurs.)

POLICHINELLE. Qui va là ?
(Violons et danseurs.)

POLICHINELLE. Qui sont les coquins que j'entends ?
(Violons et danseurs.)

POLICHINELLE. Euh !
(Violons et danseurs.)

POLICHINELLE. Holà ! mes laquais, mes gens[1] !
(Violons et danseurs.)

5 POLICHINELLE. Par la mort !
(Violons et danseurs.)

POLICHINELLE. Par le sang !
(Violons et danseurs.)

POLICHINELLE. J'en jetterai par terre.

---

1. Laquais, gens : serviteurs.

(Violons et danseurs.)

POLICHINELLE. Champagne, Poitevin, Picard, Basque, Breton[1] !

(Violons et danseurs.)

10 POLICHINELLE. Donnez-moi mon mousqueton[2].
(Violons et danseurs.)

POLICHINELLE *fait semblant de tirer un coup de pistolet.* Pouh.

(Ils tombent tous et s'enfuient.)

POLICHINELLE, *en se moquant.* Ah ! ah ! ah ! ah ! comme je leur ai donné l'épouvante. Voilà de sottes gens d'avoir peur de moi qui ai peur des autres. Ma foi, il n'est que de 15 jouer d'adresse en ce monde. Si je n'avais tranché du[3] grand seigneur et n'avais fait le brave, ils n'auraient pas manqué de me happer[4] ! Ah ! Ah ! ah !
Les archers se rapprochent, et, ayant entendu ce qu'il disait, ils le saisissent au collet.

ARCHERS. Nous le tenons ; à nous, camarades, à nous !
Dépêchez, de la lumière.

BALLET

Tout le guet vient avec des lanternes.

ARCHERS

20 Ah ! traître ! Ah ! fripon ! c'est donc vous ?
Faquin, maraud[5], pendard, impudent, téméraire,
Insolent, effronté, coquin, filou, voleur !
Vous osez nous faire peur !

---

1. **Champagne** (...) **Breton** : les laquais sont nommés en fonction de leur province d'origine.
2. **Mousqueton** : pistolet ou fusil à canon court.
3. **Trancher de** : prendre la pose du grand seigneur.
4. **Happer** : se saisir de moi.
5. **Faquin, maraud** : canaille, grossier personnage.

POLICHINELLE
Messieurs, c'est que j'étais ivre.

ARCHERS
25 Non, non, non, point de raison,
Il faut vous apprendre à vivre.
En prison, vite, en prison.

POLICHINELLE. Messieurs, je ne suis point voleur.

ARCHERS. En prison.

30 POLICHINELLE. Je suis un bourgeois de la ville.

ARCHERS. En prison.

POLICHINELLE. Qu'ai-je fait ?

ARCHERS. En prison, vite, en prison.

POLICHINELLE. Messieurs, laissez-moi aller.

35 ARCHERS. Non.

POLICHINELLE. Je vous en prie.

ARCHERS. Non.

POLICHINELLE. Eh !

ARCHERS. Non.

40 POLICHINELLE. De grâce !

ARCHERS. Non, non.

POLICHINELLE. Messieurs...

ARCHERS. Non, non, non.

POLICHINELLE. S'il vous plaît !

45 ARCHERS. Non, non.

POLICHINELLE. Par charité !

ARCHERS. Non, non.

POLICHINELLE. Au nom du ciel.

ARCHERS. Non, non.

50 POLICHINELLE. Miséricorde !

> ARCHERS
> Non, non, non, point de raison,
> Il faut vous apprendre à vivre.
> En prison, vite, en prison.

POLICHINELLE. Eh ! n'est-il rien, messieurs, qui soit
55 capable d'attendrir vos âmes ?

> ARCHERS
> Il est aisé de nous toucher,
> Et nous sommes humains plus qu'on ne saurait croire.
> Donnez-nous doucement six pistoles[1] pour boire,
> Nous allons vous lâcher.

60 POLICHINELLE. Hélas ! messieurs, je vous assure que je n'ai
pas un sol sur moi.

> ARCHERS
> Au défaut de six pistoles,
> Choisissez donc, sans façon,
> D'avoir trente croquignoles[2]
65 Ou douze coups de bâton.

POLICHINELLE. Si c'est une nécessité, et qu'il faille en passer par là, je choisis les croquignoles.

---

1. **Pistole** : monnaie approximativement équivalente à 11 francs.
2. **Croquignoles** : coups sur la tête.

Archers

Allons, préparez-vous,
Et comptez bien les coups.

BALLET

*Les archers danseurs lui donnent des croquignoles
en cadence.*

70 POLICHINELLE. Un, et deux, trois et quatre, cinq et six, sept
et huit, neuf et dix, onze et douze et treize et quatorze et
quinze.

Archers

Ah ! ah ! vous en voulez passer ;
Allons, c'est à recommencer.

75 POLICHINELLE. Ah ! messieurs, ma pauvre tête n'en peut
plus, et vous venez de me la rendre comme une pomme
cuite. J'aime encore mieux les coups de bâton que de
recommencer.

Archers

Soit, puisque le bâton est pour vous plus charmant,
80   Vous aurez contentement.

BALLET

*Les archers danseurs lui donnent des coups de bâton
en cadence.*

POLICHINELLE. Un, deux, trois, quatre, cinq, six, ah ! ah !
ah ! je n'y saurais plus résister. Tenez, messieurs, voilà six
pistoles que je vous donne.

ARCHERS

Ah ! l'honnête homme ! ah ! l'âme noble et belle !
85 Adieu, seigneur, adieu, seigneur Polichinelle.

POLICHINELLE. Messieurs, je vous donne le bonsoir.

ARCHERS

Adieu, seigneur, adieu, seigneur Polichinelle.

POLICHINELLE. Votre serviteur.

ARCHERS

Adieu, seigneur, adieu, seigneur Polichinelle.

90 POLICHINELLE. Très humble valet[1].

ARCHERS

Adieu, seigneur, adieu, seigneur Polichinelle.

POLICHINELLE. Jusqu'au revoir.

BALLET

Ils dansent tous en réjouissance de l'argent qu'ils ont reçu.

(Le théâtre change et représente une chambre.)

---

1. **Votre serviteur, très humble valet** : formules de politesse employées
ironiquement ici.

REPÈRES

• Quelle information importante apprenons-nous à la scène 7, l. 3 ?
• Cherchez le mot « Polichinelle » dans un dictionnaire de noms communs. À quelle tradition théâtrale appartient-il ?

OBSERVATION

• **La figure du notaire :** quels indices nous éclairent sur les relations entre Béline et le notaire ? De quelle nature sont ces relations ?
• Relevez les expressions qui appartiennent au domaine spécialisé du vocabulaire juridique. Dans quel(s) but(s) use-t-il d'un langage aussi spécialisé ?
• L. 25 : pourquoi le notaire déconseille-t-il de consulter un avocat ? Quelle est en fait sa vraie raison ?
• « *Il y a d'autres personnes à consulter* [...] » (l. 29), « *Vous pouvez choisir un ami intime* [...] » (l. 42). À qui pense-t-il en réalité ? De tels sous-entendus nous éclairent-ils sur les véritables projets de cet homme de loi ?
• **Polichinelle :** quelle est la fonction de la didascalie initiale ?
• Quel type de comique domine la fin de cet intermède ? Relevez les didascalies qui le montrent.

INTERPRÉTATIONS

• **La satire des hommes de loi :** quelle vision de la loi se dégage du discours du notaire ? N'y a-t-il pas une relation entre le monde des juristes et celui des médecins tel qu'en parlera Béralde à l'acte III ?
• **Le pédantisme :** en quoi la figure du notaire prépare-t-elle l'arrivée des médecins ?
• **Argan et ses enfants :** l. 37 à 40, scène 7. À la lumière d'une telle réplique, l'aveuglement d'Argan vous paraît-il seulement source de comique ? N'a-t-il pas quelque chose d'inquiétant ?
• **Polichinelle et l'amour :** quelle vision de l'amour se dégage de cet intermède ?

L'action

Composition et dramaturgie

Au-delà de l'alternance entre scènes courtes et scènes longues, l'acte I nous surprend d'abord par la variété rythmique, par les contrastes entre les tempos dramatiques. À la scène 1, qui s'étire longuement au rythme pesant d'une laborieuse consultation de facture, succède bientôt la scène 2 dominée par le tempo endiablé de la confrontation virevoltante avec Toinette. Ce dosage des dynamiques, cette recherche des variations rythmiques dans l'enchaînement des scènes montrent l'efficacité du travail dramaturgique de Molière. Deux perceptions différentes de la durée sont ici en jeu : dans la scène 1, <u>temps mental</u> de la maladie et <u>temps théâtral</u> sont totalement confondus (la perception du spectateur évolue au rythme de la durée intérieure du maniaque), mais, dès que la clochette retentit, c'est le <u>temps social</u> qui surgit avec Toinette (scène 2).

À ces effets de contrepoint rythmique s'ajoute la diversité des climats ou des tonalités. Les vociférations hargneuses d'Argan vont contraster avec le ton feutré de la confidence amoureuse (scène 4) ou de la fourberie notariale (scène 7). Pour finir, la palette des registres comiques offre des contrastes très significatifs. L'exposition pour l'essentiel est achevée à l'issue de cet acte I. L'action principale correspond au double projet d'Argan. Quel est-il ? À la fin de l'acte, le spectateur est suspendu à cette double question : Argan parviendra-t-il à réaliser ses deux projets ? Toinette parviendra-t-elle à l'en empêcher ?

Le temps et le lieu

Dans quel espace unique se déroule l'action de cet acte I ? Quelle remarque de Toinette, à la fin de l'acte, nous informe sur le moment de la journée ?

Thèmes

Les dominantes thématiques de cette comédie sont non seulement fixées dès l'acte I mais également distribuées scène après scène : la maladie imaginaire (scène 1), l'amour vrai (scène 4) et l'amour faux (scène 6), la famille menacée (scène 7), l'argent et les convoitises qu'il suscite (scène 7), le conflit des générations (scène 8).

Les personnages

L'acte I est l'acte d'Argan. Dès la scène 1, il se signale par la bizarrerie de son comportement. Nous le voyons éplucher avec gourmandise et délectation les moindres détails de sa facture d'apothicaire. Emmitouflé dans l'atmosphère sécurisante de sa chambre, il évolue en autarcie dans son microcosme médical. Voici pourtant qu'à la retenue courtoise du dialogue avec cet interlocuteur de papier qu'est le pharmacien, succède dans la scène suivante un véritable déferlement d'invectives. En deux scènes, Molière donne toute la mesure du dérèglement qui affecte un tel personnage. Dans cette instabilité, dans cette impulsivité, dans cette difficulté à communiquer, nous retrouvons quelques-uns des traits de comportement caractéristiques de cette figure de déraison qu'est le ridicule chez Molière.

Toinette : personnage type de la servante. Dès cet acte I, trois dimensions la caractérisent : sa culture populaire volontiers démystificatrice, son rapport subversif à l'autorité, une ironie décapante qui, tout en soulignant les extravagances d'Argan, nous invite à prendre nos distances et à exercer un regard critique.

Angélique est fille d'un premier mariage. Soumission timide et enthousiasme du premier amour composent un caractère d'ingénue qui va s'étoffer dans l'acte suivant. **Béline** est l'intrigante : elle œuvre aussi bien sur scène qu'hors scène. **Le notaire**, pour finir, est en partie une transposition du pédant de la farce.

ACTE II

SCÈNE PREMIÈRE. TOINETTE, CLÉANTE.

TOINETTE. Que demandez-vous, monsieur ?

CLÉANTE. Ce que je demande ?

TOINETTE. Ah ! ah ! c'est vous ? Quelle surprise ! Que venez-vous faire céans[1] ?

5 CLÉANTE. Savoir ma destinée, parler à l'aimable Angélique, consulter les sentiments de son cœur, et lui demander ses résolutions sur ce mariage fatal[2] dont on m'a averti.

TOINETTE. Oui ; mais on ne parle pas comme cela de but en blanc[3] à Angélique ; il y faut des mystères, et l'on vous a 10 dit l'étroite garde où elle est retenue, qu'on ne la laisse ni sortir ni parler à personne, et que ce ne fut que la curiosité[4] d'une vieille tante qui nous fit accorder la liberté d'aller à cette comédie qui donna lieu à la naissance de votre passion ; et nous nous sommes bien gardées de parler de cette aventure.

15 CLÉANTE. Aussi ne viens-je pas ici comme Cléante, et sous l'apparence de son amant, mais comme ami de son maître de musique, dont j'ai obtenu le pouvoir de dire qu'il m'envoie à sa place.

TOINETTE. Voici son père. Retirez-vous[5] un peu, et me 20 laissez lui dire que vous êtes là.

---

1. **Céans** : ici.
2. **Fatal** : funeste.
3. **De but en blanc** : directement.
4. **Curiosité** : et que c'est seulement l'intérêt que porte une vieille tante à Angélique qui nous permit d'aller à cette comédie.
5. **Retirez-vous** : éloignez-vous.

Scène 2. Argan, Toinette, Cléante.

ARGAN. Monsieur Purgon m'a dit de me promener le matin dans ma chambre douze allées et douze venues ; mais j'ai oublié à[1] lui demander si c'est en long ou en large.

TOINETTE. Monsieur, voilà un...

5 ARGAN. Parle bas, pendarde ! tu viens m'ébranler tout le cerveau, et tu ne songes pas qu'il ne faut point parler si haut à des malades.

TOINETTE. Je voulais vous dire, monsieur...

ARGAN. Parle bas, te dis-je.

10 TOINETTE. Monsieur... *(Elle fait semblant de parler.)*

ARGAN. Eh ?

TOINETTE. Je vous dis que... *(Elle fait semblant de parler.)*

ARGAN. Qu'est-ce que tu dis ?

TOINETTE, *haut*. Je dis que voilà un homme qui veut parler
15 à vous[2].

ARGAN. Qu'il vienne. *(Toinette fait signe à Cléante d'avancer.)*

CLÉANTE. Monsieur...

TOINETTE *raillant*. Ne parlez pas si haut, de peur d'ébranler le cerveau de monsieur.

20 CLÉANTE. Monsieur, je suis ravi de vous trouver debout et de voir que vous vous portez mieux.

---

1. À : de.
2. **Parler à vous :** s'entretenir avec vous.

TOINETTE, *feignant d'être en colère*. Comment, qu'il se porte mieux ? Cela est faux. Monsieur se porte toujours mal.

CLÉANTE. J'ai ouï dire que monsieur était mieux, et je lui
25 trouve bon visage.

TOINETTE. Que voulez-vous dire avec votre bon visage ? Monsieur l'a fort mauvais, et ce sont des impertinents qui vous ont dit qu'il était mieux. Il ne s'est jamais si mal porté.

ARGAN. Elle a raison.

30 TOINETTE. Il marche, dort, mange et boit tout comme les autres ; mais cela n'empêche pas qu'il ne soit fort malade.

ARGAN. Cela est vrai.

CLÉANTE. Monsieur, j'en suis au désespoir. Je viens de la part du maître à chanter de mademoiselle votre fille. Il s'est
35 vu obligé d'aller à la campagne pour quelques jours, et, comme son ami intime[1], il m'envoie à sa place pour lui continuer ses leçons de peur qu'en les interrompant elle ne vînt à oublier ce qu'elle sait déjà.

ARGAN. Fort bien. Appelez Angélique.

40 TOINETTE. Je crois, monsieur, qu'il sera mieux de mener monsieur à sa chambre.

ARGAN. Non, faites-la venir.

TOINETTE. Il ne pourra lui donner leçon comme il faut s'ils ne sont en particulier[2].

45 ARGAN. Si fait, si fait.

---

1. **Comme son ami intime :** du fait que nous sommes amis intimes.
2. **En particulier :** en tête à tête.

TOINETTE. Monsieur, cela ne fera que vous étourdir[1], et il ne faut rien pour vous émouvoir en l'état où vous êtes et vous ébranler le cerveau.

ARGAN. Point, point, j'aime la musique, et je serai bien aise
50 de... Ah ! la voici. Allez-vous-en voir, vous, si ma femme est habillée.

SCÈNE 3. ARGAN, ANGÉLIQUE, CLÉANTE.

ARGAN. Venez, ma fille, votre maître de musique est allé aux champs[2], et voilà une personne qu'il envoie à sa place pour vous montrer[3].

ANGÉLIQUE. Ah ! ciel !

5 ARGAN. Qu'est-ce ? D'où vient cette surprise ?

ANGÉLIQUE. C'est...

ARGAN. Quoi ? Qui[4] vous émeut de la sorte ?

ANGÉLIQUE. C'est, mon père, une aventure surprenante qui se rencontre[5] ici.

10 ARGAN. Comment ?

---

1. **Vous étourdir :** vous lasser, en raison du bruit.
2. **Aux champs :** à la campagne.
3. **Pour vous montrer :** pour vous dispenser une leçon de musique.
4. **Qui ? :** qu'est-ce qui ?
5. **Qui se rencontre :** qui advient.

Repères

• Quelle est l'utilité de la scène 1 ?

Observation

Le jeune premier (scène 1)

• Registre de langue : à quel registre appartient le vocabulaire de Cléante (scène 1) ? Populaire, courant ou noble ? De quel autre personnage est-il le plus proche par sa façon de parler ?

• Par quelles qualités de jeune premier se distingue-t-il déjà du prétendant qui va apparaître ? Est-ce une caractéristique des jeunes premiers de Molière que d'inventer des stratagèmes pour se rapprocher de la belle ? Citez un exemple.

Le malade et la servante (scène 2)

• Le personnage d'Argan a-t-il évolué depuis la scène 1 de l'acte I ? Quel propos le montre le mieux ?

• Observez les points de suspension dans les premières répliques ? Ont-ils chaque fois la même fonction ? Développez.

• De quelle forme comique participe la simulation de parole de Toinette ?

• La reprise des mots : Toinette reprend deux fois une formule d'Argan. Laquelle ? Dans quel but ? Elle reprend également deux formules de Cléante. Dans quel but ? Est-ce le même effet comique ? Dans quelle réplique se montre-t-elle ironique ?

• En quoi le paradoxe (l. 30-31) est-il comique ?

Interprétations

• **Les relations entre les personnages** : en quoi Toinette est-elle le personnage pivot de cet échange ? N'a-t-elle pas une fonction d'initiatrice pour Cléante ? Que lui apprend-elle précisément concernant Argan ?

• Quels sont les deux arguments invoqués par Toinette pour susciter un tête-à-tête entre les deux amants ? N'est-ce pas le paradoxe même du comportement d'Argan qui la fait échouer ? Pourquoi ?

ANGÉLIQUE. J'ai songé[1] cette nuit que j'étais dans le plus grand embarras du monde, et qu'une personne faite tout comme monsieur s'est présentée à moi, à qui j'ai demandé secours, et qui m'est venue tirer de la peine où j'étais ; et ma
15 surprise a été grande de voir inopinément[2] en arrivant ici ce que j'ai eu dans l'idée toute la nuit.

CLÉANTE. Ce n'est pas être malheureux que d'occuper votre pensée, soit en dormant, soit en veillant[3] ; et mon bonheur serait grand sans doute[4] si vous étiez dans quelque peine
20 dont vous me jugeassiez digne de vous tirer ; et il n'y a rien que je ne fisse pour...

SCÈNE 4. TOINETTE, CLÉANTE, ANGÉLIQUE, ARGAN.

TOINETTE, *par dérision*. Ma foi, monsieur, je suis pour vous[5] maintenant, et je me dédis de tout ce que je disais[6] hier. Voici monsieur Diafoirus le père et monsieur Diafoirus le fils qui viennent vous rendre visite. Que vous serez bien
5 engendré[7] ! Vous allez voir le garçon le mieux fait du monde et le plus spirituel. Il n'a dit que deux mots, qui m'ont ravie, et votre fille va être charmée de[8] lui.

---

1. **J'ai songé** : j'ai rêvé.
2. **Inopinément** : de façon brusque et imprévue.
3. **En veillant** : lorsque vous dormez ou lorsque vous êtes éveillée.
4. **Sans doute** : soyez-en sûre.
5. **Je suis pour vous** : je tombe d'accord avec vous.
6. **Je me dédis de tout ce que je disais** : je retire tout ce que je disais.
7. **Que (...) engendré** : que vous allez avoir un bon gendre ! Jeu de mots : « engendrer » signifie normalement « donner naissance ».
8. **De** : par.

ARGAN, *à Cléante, qui feint de vouloir s'en aller.* Ne vous en allez point, monsieur. C'est que je marie ma fille, et voilà qu'on
10 lui amène son prétendu mari[1], qu'elle n'a point encore vu.

CLÉANTE. C'est m'honorer beaucoup, monsieur, de vouloir que je sois témoin d'une entrevue si agréable.

ARGAN. C'est le fils d'un habile médecin, et le mariage se fera dans quatre jours.

15 CLÉANTE. Fort bien.

ARGAN. Mandez-le[2] un peu à son maître de musique, afin qu'il se trouve à la noce.

CLÉANTE. Je n'y manquerai pas.

ARGAN. Je vous y prie aussi.

20 CLÉANTE. Vous me faites beaucoup d'honneur.

TOINETTE. Allons, qu'on se range[3] ; les voici.

---

1. **Prétendu mari :** futur mari.
2. **Mandez-le :** informez-en son maître de musique.
3. **Qu'on se range :** faites place.

REPÈRES

• La scène 3 donne lieu à une nouvelle confrontation. Laquelle ?
• La scène 4 est une scène de transition qui prépare la suivante. Montrez-le.

OBSERVATION

• **La ponctuation émotive** (scène 3) : quels sentiments sont traduits par la ponctuation exclamative puis suspensive dans les premières interventions de la jeune fille ?
• **Le jeu des destinataires** (scène 3) : le récit du rêve d'Angélique s'adresse à deux destinataires différents, Argan et Cléante. A-t-il le même sens pour ces deux destinataires ? Que comprend Argan ?
• Relevez les expressions à double sens que Cléante est invité à déchiffrer d'une autre manière. Que doit comprendre au juste le jeune homme ? Sur quel ton répond-il à Angélique ? En quoi sa réponse montre-t-elle qu'il a compris ?
• **Le portrait du prétendant** (scène 4) : relevez les expressions superlatives et les verbes de haut degré sémantique. Le portrait brossé par Toinette vous paraît-il conforme à la réalité ? Quelle est son intention ? Quel jeu de mots signale le plus nettement cette intention ?

INTERPRÉTATIONS

• **Angélique** (scène 3) : quel autre aspect de la personnalité d'Angélique nous est révélé à travers l'épisode du rêve ? Peut-on dire qu'elle est toujours la jeune fille timide et soumise de l'acte I ? En quoi ce changement de comportement amorce-t-il une évolution du personnage dans cet acte ? Dans quelle autre scène de l'acte II va-t-on découvrir une autre Angélique ?

Scène 5. Monsieur Diafoirus, Thomas Diafoirus, Argan, Angélique, Cléante, Toinette.

ARGAN, *mettant la main à son bonnet sans l'ôter.* Monsieur Purgon, monsieur, m'a défendu de découvrir ma tête. Vous êtes du métier, vous savez les conséquences.

MONSIEUR DIAFOIRUS. Nous sommes dans toutes nos
5 visites pour[1] porter secours aux malades, et non pour leur porter de l'incommodité.

ARGAN. Je reçois, monsieur... *(Ils parlent tous deux en même temps, s'interrompent et confondent.)*

MONSIEUR DIAFOIRUS. Nous venons ici, monsieur...

ARGAN. Avec beaucoup de joie...

10 MONSIEUR DIAFOIRUS. Mon fils Thomas et moi...

ARGAN. L'honneur que vous me faites...

MONSIEUR DIAFOIRUS. Vous témoigner, monsieur...

ARGAN. Et j'aurais souhaité...

MONSIEUR DIAFOIRUS. Le ravissement où nous sommes...

15 ARGAN. De pouvoir aller chez vous...

MONSIEUR DIAFOIRUS. De la grâce que vous nous faites...

ARGAN. Pour vous en assurer...

MONSIEUR DIAFOIRUS. De vouloir bien nous recevoir...

ARGAN. Mais vous savez, monsieur...

---

1. **Nous sommes pour** : notre devoir de médecin est de porter secours aux malades.

Argan et M. Purgon.
Caricature de Grandville (1803-1847) pour Le Malade imaginaire.
Musée Carnavalet.

20 MONSIEUR DIAFOIRUS. Dans l'honneur, monsieur...

ARGAN. Ce que c'est qu'un pauvre malade...

MONSIEUR DIAFOIRUS. De votre alliance[1]...

ARGAN. Qui ne peut faire autre chose...

MONSIEUR DIAFOIRUS. Et vous assurer...

25 ARGAN. Que de vous dire ici...

MONSIEUR DIAFOIRUS. Que dans les choses qui dépendront de notre métier...

ARGAN. Qu'il cherchera toutes les occasions...

MONSIEUR DIAFOIRUS. De même qu'en toute autre...

30 ARGAN. De vous faire connaître, monsieur...

MONSIEUR DIAFOIRUS. Nous serons toujours prêts, monsieur...

ARGAN. Qu'il est tout à votre service...

MONSIEUR DIAFOIRUS. À vous témoigner notre zèle[2]. *(Il
35 se retourne vers son fils et lui dit :)* Allons, Thomas, avancez. Faites vos compliments[3].

THOMAS DIAFOIRUS *est un grand benêt[4] nouvellement
sorti des écoles, qui fait toutes choses de mauvaise grâce[5]
et à contretemps.* N'est-ce pas par le père qu'il convient
commencer ?

MONSIEUR DIAFOIRUS. Oui.

---

1. **Votre alliance :** la parenté qui va nous unir prochainement.
2. **Zèle :** empressement à vous servir.
3. **Compliment :** discours de présentation respectueuse.
4. **Benêt :** sot.
5. **De mauvaise grâce :** maladroitement.

40 THOMAS DIAFOIRUS. Monsieur, je viens saluer, reconnaître, chérir et révérer[1] en vous un second père, mais un second père auquel j'ose dire que je me trouve plus redevable qu'au premier. Le premier m'a engendré, mais vous m'avez choisi. Il m'a reçu par nécessité, mais vous m'avez accepté par 45 grâce[2]. Ce que je tiens de lui est un ouvrage de son corps, mais ce que je tiens de vous est un ouvrage de votre volonté ; et, d'autant plus que les facultés spirituelles sont au-dessus des corporelles, d'autant plus je vous dois, et d'autant plus je tiens précieuse cette future filiation[3], dont je viens aujour-50 d'hui vous rendre par avance les très humbles et très respectueux hommages.

TOINETTE. Vivent les collèges d'où l'on sort si habile homme !

THOMAS DIAFOIRUS. Cela a-t-il bien été, mon père ?

55 MONSIEUR DIAFOIRUS. *Optime*[4].

ARGAN, *à Angélique*. Allons, saluez monsieur.

THOMAS DIAFOIRUS. Baiserai-je[5] ?

MONSIEUR DIAFOIRUS. Oui, oui.

THOMAS DIAFOIRUS, *à Angélique*. Madame, c'est avec 60 justice que le ciel vous a concédé le nom de belle-mère, puisque l'on...

ARGAN. Ce n'est pas ma femme, c'est ma fille à qui vous parlez.

---

1. **Révérer :** rendre honneur.
2. **Par grâce :** par faveur.
3. **Filiation :** lien parental du fils à son père. Le mariage de Thomas avec Angélique ferait de ce dernier le fils d'Argan.
4. **Optime** (latin) : très bien.
5. **Baiserai-je ? :** faut-il baiser la joue (d'Angélique) ?

THOMAS DIAFOIRUS. Où donc est-elle ?

65 ARGAN. Elle va venir.

THOMAS DIAFOIRUS. Attendrai-je, mon père, qu'elle soit venue ?

MONSIEUR DIAFOIRUS. Faites toujours le compliment de mademoiselle.

70 THOMAS DIAFOIRUS. Mademoiselle, ne plus ne moins[1] que la statue de Memnon[2] rendait un son harmonieux lorsqu'elle venait à être éclairée des rayons du soleil, tout de même me sens-je animé d'un doux transport[3] à l'apparition du soleil de vos beautés. Et, comme les naturalistes remarquent que la 75 fleur nommée héliotrope tourne sans cesse vers cet astre du jour, aussi mon cœur, dores-en-avant[4], tournera-t-il toujours vers les astres resplendissants de vos yeux adorables, ainsi que vers son pôle[5] unique. Souffrez donc, mademoiselle, que j'appende[6] aujourd'hui à l'autel de vos charmes l'offrande de 80 ce cœur, qui ne respire et n'ambitionne autre gloire que d'être toute sa vie, mademoiselle, votre très humble, très obéissant et très fidèle serviteur et mari.

TOINETTE, *en le raillant.* Voilà ce que c'est que d'étudier, on apprend à dire de belles choses.

85 ARGAN. Eh ! que dites-vous de cela ?

CLÉANTE. Que monsieur fait merveilles, et que, s'il est aussi

---

1. **Ne plus ne moins :** ni plus ni moins.
2. **Statue de Memnon :** la statue de Memnon qui se dressait dans la cité égyptienne de Thèbes avait, d'après la légende, la réputation de chanter au lever du soleil. Memnon, fils de l'Aurore, saluait ainsi sa mère en chantant.
3. **Transport :** ardeur amoureuse.
4. **Dores-en-avant :** dorénavant.
5. **Pôle :** pôle magnétique.
6. **J'appende :** je suspende.

bon médecin qu'il est bon orateur, il y aura plaisir à être de ses malades.

TOINETTE. Assurément. Ce sera quelque chose d'admirable,
90 s'il fait d'aussi belles cures[1] qu'il fait de beaux discours.

ARGAN. Allons, vite, ma chaise, et des sièges à tout le monde. Mettez-vous là, ma fille. Vous voyez, monsieur, que tout le monde admire monsieur votre fils, et je vous trouve bien heureux de vous voir un garçon comme cela.

95 MONSIEUR DIAFOIRUS. Monsieur, ce n'est pas parce que je suis son père, mais je puis dire que j'ai sujet d'être content de lui, et que tous ceux qui le voient en parlent comme d'un garçon qui n'a point de méchanceté. Il n'a jamais eu l'imagination bien vive, ni ce feu[2] d'esprit qu'on remarque dans
100 quelques-uns, mais c'est par là que j'ai toujours bien auguré de sa judiciaire[3], qualité requise pour l'exercice de notre art[4]. Lorsqu'il était petit, il n'a jamais été ce qu'on appelle mièvre[5] et éveillé. On le voyait toujours doux, paisible et taciturne, ne disant jamais mot, et ne jouant jamais à tous
105 ces petits jeux que l'on nomme enfantins. On eut toutes les peines du monde à lui apprendre à lire, et il avait neuf ans qu'il ne connaissait pas encore ses lettres. « Bon, disais-je en moi-même, les arbres tardifs sont ceux qui produisent les meilleurs fruits. On grave sur le marbre bien plus malaisé-
110 ment que sur le sable ; mais les choses y sont conservées bien plus longtemps, et cette lenteur à comprendre, cette pesanteur d'imagination est la marque d'un bon jugement à venir. »

---

1. **Cures** : s'il administre des soins aussi efficaces qu'il...
2. **Ce feu** : cette vivacité.
3. **Mais c'est par là (...) judiciaire** : mais c'est précisément pour cette raison que j'ai toujours pensé qu'il aurait une excellente faculté de jugement.
4. **Art** : technique (sens classique). La médecine est un art au XVIIᵉ siècle, c'est-à-dire qu'elle se ramène à un ensemble de règles qu'il convient de mettre en pratique.
5. **Mièvre** : vif et ingénieux.

Lorsque je l'envoyai au collège, il trouva de la peine ; mais il
se raidissait contre les difficultés, et ses régents[1] se louaient
115 toujours à moi de son assiduité et de son travail. Enfin, à
force de battre le fer, il en est venu glorieusement à avoir ses
licences[2] ; et je puis dire sans vanité que depuis deux ans qu'il
est sur les bancs[3], il n'y a point de candidat qui ait fait plus
de bruit que lui dans toutes les disputes de notre école[4]. Il
120 s'y est rendu redoutable, et il ne s'y passe point d'acte[5] où il
n'aille argumenter à outrance[6] pour la proposition contraire.
Il est ferme dans la dispute, fort comme un Turc sur ses principes, ne démord jamais de son opinion, et poursuit un raisonnement jusque dans les derniers recoins de la logique.
125 Mais, sur toute chose, ce qui me plaît en lui, et en quoi il suit
mon exemple, c'est qu'il s'attache aveuglément aux opinions
de nos anciens, et que jamais il n'a voulu comprendre ni écou-
ter les raisons et les expériences des prétendues découvertes
de notre siècle touchant la circulation du sang et autres opi-
130 nions de même farine[7].

THOMAS DIAFOIRUS, *tirant une grande thèse roulée de sa
poche, qu'il présente à Angélique.* J'ai contre les circulateurs[8] soutenu une thèse, qu'avec la permission de monsieur,
j'ose présenter à mademoiselle comme un hommage que je
lui dois des prémices[9] de mon esprit.

---

1. **Ses régents :** enseignants de collège.
2. **Licences :** diplôme universitaire sanctionnant quatre années d'étude.
3. **Sur les bancs :** les bancs de la faculté de médecine.
4. **Qui ait fait (...) de notre école :** qui se soit montré plus brillant dans les
débats qui opposent les étudiants sur une thèse.
5. **Acte :** soutenance de thèse.
6. **À outrance :** aussi profondément que possible.
7. **De même farine :** du même ordre.
8. **Circulateurs :** jeu de mots. Le mot désigne les partisans de la thèse de la
circulation du sang dans les veines, mais il signifie aussi « charlatan » (latin
circulator).
9. **Prémices :** premières manifestations prometteuses.

135 ANGÉLIQUE. Monsieur, c'est pour moi un meuble[1] inutile, et je ne me connais pas à ces choses-là.

TOINETTE. Donnez, donnez, elle est toujours bonne à prendre pour l'image[2], cela servira à parer notre chambre.

THOMAS DIAFOIRUS. Avec la permission aussi de monsieur, 140 je vous invite à venir voir l'un de ces jours, pour vous divertir, la dissection d'une femme, sur quoi[3] je dois raisonner.

TOINETTE. Le divertissement sera agréable. Il y en a qui donnent la comédie à leurs maîtresses[4], mais donner une dissection est quelque chose de plus galant[5].

145 MONSIEUR DIAFOIRUS. Au reste, pour ce qui est des qualités requises pour le mariage et la propagation[6], je vous assure que, selon les règles de nos docteurs, il est tel qu'on le peut souhaiter ; qu'il possède en un degré louable la vertu prolifique[7], et qu'il est du tempérament qu'il faut pour engendrer 150 et procréer des enfants bien conditionnés[8].

ARGAN. N'est-ce pas votre intention, monsieur, de le pousser à la cour et d'y ménager pour lui une charge[9] de médecin ?

MONSIEUR DIAFOIRUS. À vous en parler franchement, notre 155 métier auprès des grands ne m'a jamais paru agréable, et j'ai toujours trouvé qu'il valait mieux, pour nous autres, demeu-

---

1. **Meuble :** objet de la maison (valeur ironique).
2. **Pour l'image :** illustration qui ornait la page de couverture d'une thèse.
3. **Sur quoi :** sur laquelle.
4. **Maîtresse :** femme aimée.
5. **Galant :** d'un goût raffiné.
6. **Propagation :** engendrement, procréation.
7. **Vertu prolifique :** capacité de procréer.
8. **Conditionné :** de bonne constitution physique et morale.
9. **Ménager une charge :** acheter une charge de médecin (pour avoir le droit d'exercer la médecine).

rer au public[1]. Le public est commode. Vous n'avez à
répondre de vos actions à personne, et, pourvu que l'on suive
le courant des règles[2] de l'art, on ne se met point en peine
160 de tout ce qui peut arriver[3]. Mais ce qu'il y a de fâcheux
auprès des grands, c'est que, quand ils viennent à être
malades, ils veulent absolument que leurs médecins les
guérissent.

TOINETTE. Cela est plaisant, et ils sont bien impertinents[4]
165 de vouloir que, vous autres, messieurs, vous les guérissiez !
Vous n'êtes point auprès d'eux pour cela ; vous n'y êtes que
pour recevoir vos pensions[5] et leur ordonner[6] des remèdes ;
c'est à eux à guérir s'ils peuvent.

MONSIEUR DIAFOIRUS. Cela est vrai. On n'est obligé qu'à[7]
170 traiter les gens dans les formes[8].

ARGAN, *à Cléante.* Monsieur, faites un peu chanter ma fille
devant la compagnie.

CLÉANTE. J'attendais vos ordres, monsieur, et il m'est venu
en pensée, pour divertir la compagnie, de chanter avec made-
175 moiselle une scène d'un petit opéra qu'on a fait depuis peu.
(À Angélique, lui donnant un papier.) Tenez, voilà votre
partie[9].

ANGÉLIQUE. Moi ?

---

1. **Demeurer au public** : être fidèle à une clientèle populaire (par opposition
aux « grands », c'est-à-dire aux aristocrates).
2. **Suivre le courant des règles** : observer les règles usuelles.
3. **On ne se met point en peine de tout ce qui peut arriver** : on ne se pré-
occupe pas des conséquences qui en résultent.
4. **Impertinents** : insolents, arrogants.
5. **Pensions** : rétributions que le médecin percevait sous la forme d'une
pension, c'est-à-dire d'une rente annuelle que lui allouaient les Grands.
6. **Ordonner** : prescrire une ordonnance.
7. **On n'est obligé qu'à** : notre devoir se borne à.
8. **Dans les formes** : conformément aux règles de la médecine.
9. **Partie** : la partition que vous devez chanter.

CLÉANTE, *bas à Angélique.* Ne vous défendez point, s'il
180 vous plaît, et me laissez vous faire comprendre ce que c'est
que la scène que nous devons chanter. *(Haut.)* Je n'ai pas une
voix à chanter ; mais il suffit que je me fasse entendre, et l'on
aura la bonté de m'excuser par la nécessité où je me trouve de
faire chanter mademoiselle.

185 ARGAN. Les vers en sont-ils beaux ?

CLÉANTE. C'est proprement ici un petit opéra impromptu[1],
et vous n'allez entendre chanter que de la prose cadencée[2],
ou des manières de vers libres[3], tels que[4] la passion et la
nécessité peuvent faire trouver à deux personnes qui disent
190 les choses d'elles-mêmes et parlent sur-le-champ.

ARGAN. Fort bien. Écoutons.

CLÉANTE, *sous le nom d'un berger, explique à sa maîtresse
son amour depuis leur rencontre, et ensuite ils s'appliquent
leurs pensées[5] l'un à l'autre en chantant.*Voici le sujet de la
scène. Un berger était attentif aux beautés d'un spectacle qui
ne faisait que de commencer, lorsqu'il fut tiré de son atten-
195 tion par un bruit qu'il entendit à ses côtés. Il se retourne et
voit un brutal[6] qui, de paroles insolentes, maltraitait une
bergère. D'abord[7] il prend les intérêts d'un sexe[8] à qui tous
les hommes doivent hommage ; et, après avoir donné au brutal le châtiment de son insolence, il vient à la bergère et voit
200 une jeune personne qui, des deux plus beaux yeux qu'il eût

---

1. **Impromptu** : improvisé.
2. **Prose cadencée** : prose poétique rythmée que l'on distinguait de la prose
du discours ordinaire et de l'écriture versifiée.
3. **Des manières de vers libres** : sortes de vers non rimés qui n'étaient pas
astreints au principe de la régularité syllabique.
4. **Tels que** : tels que ceux que.
5. **Ils s'appliquent leurs pensées** : communiquent leurs pensées.
6. **Brutal** : personnage grossier, indélicat.
7. **D'abord** : aussitôt.
8. **Un sexe** : le sexe féminin.

jamais vus, versait des larmes, qu'il trouva les plus belles du monde. « Hélas ! dit-il en lui-même, est-on capable d'outrager[1] une personne si aimable ! Et quel humain, quel barbare, ne serait touché par de telles larmes ? » Il prend soin de les
205 arrêter, ces larmes, qu'il trouve si belles ; et l'aimable bergère prend soin en même temps de le remercier de son léger service, mais d'une manière si charmante, si tendre et si passionnée, que le berger n'y peut résister, et chaque mot, chaque regard, est un trait plein de flamme dont son cœur se sent
210 pénétré. « Est-il, disait-il, quelque chose qui puisse mériter les aimables paroles d'un tel remerciement ? Et que ne voudrait-on pas faire, à quels services, à quels dangers ne serait-on pas ravi de courir, pour s'attirer un seul moment des touchantes douceurs d'une âme si reconnaissante ? » Tout le spectacle
215 passe sans qu'il y donne aucune attention ; mais il se plaint qu'il est trop court, parce qu'en finissant il le sépare de son adorable bergère ; et, de cette première vue, de ce premier moment, il emporte chez lui tout ce qu'un amour de plusieurs années peut avoir de plus violent. Le voilà aussitôt à sentir
220 tous les maux de l'absence, et il est tourmenté de ne plus voir ce qu'il a si peu vu. Il fait tout ce qu'il peut pour se redonner cette vue[2], dont il conserve nuit et jour une si chère idée ; mais la grande contrainte[3] où l'on tient sa bergère lui en ôte tous les moyens. La violence de sa passion le fait résoudre à
225 demander en mariage l'adorable beauté sans laquelle il ne peut plus vivre, et il en obtient d'elle la permission par un billet qu'il a l'adresse de lui faire tenir. Mais dans le même temps on l'avertit que le père de cette belle a conclu son mariage avec un autre, et que tout se dispose pour en célébrer
230 la cérémonie. Jugez quelle atteinte cruelle au cœur de ce triste

---

1. **Outrager :** offenser par un comportement injurieux.
2. **Se redonner cette vue :** pouvoir rencontrer à nouveau.
3. **Contrainte :** surveillance abusive.

berger ! Le voilà accablé d'une mortelle douleur. Il ne peut
souffrir l'effroyable idée de voir tout ce qu'il aime entre les
bras d'un autre, et son amour au désespoir lui fait trouver
moyen de s'introduire dans la maison de sa bergère pour
235 apprendre ses sentiments et savoir d'elle la destinée à laquelle
il doit se résoudre. Il y rencontre les apprêts[1] de tout ce qu'il
craint ; il y voit venir l'indigne rival que le caprice[2] d'un père
oppose aux tendresses de son amour. Il le voit triomphant,
ce rival ridicule, auprès de l'aimable bergère, ainsi qu'auprès[3]
240 d'une conquête qui lui est assurée, et cette vue le remplit d'une
colère dont il a peine à se rendre maître. Il jette de douloureux
regards sur celle qu'il adore, et son respect et la présence de
son père l'empêchent de lui rien dire que des yeux[4]. Mais
enfin il force toute contrainte, et le transport de son amour[5]
245 l'oblige à lui parler ainsi :

(Il chante.)

Belle Philis, c'est trop, c'est trop souffrir ;
   Rompons ce dur silence, et m'ouvrez vos pensées.
      Apprenez-moi ma destinée :
      Faut-il vivre ? faut-il mourir ?

Angélique *répond en chantant.*

250 Vous me voyez, Tircis, triste et mélancolique
   Aux apprêts de l'hymen[6] dont vous vous alarmez :
   Je lève au ciel les yeux, je vous regarde, je soupire,
      C'est vous en dire assez.

Argan. Ouais, je ne croyais pas que ma fille fût si habile
255 que de chanter[7] ainsi à livre ouvert sans hésiter.

---

1. **Les apprêts** : les préparatifs.
2. **Caprice** : volonté insensée.
3. **Ainsi qu'auprès** : comme il le ferait auprès.
4. **L'empêchent (...) yeux** : le contraignent à ne s'exprimer que par le regard.
5. **Le transport de son amour** : sa passion véhémente.
6. **Hymen** : mariage.
7. **Si habile que de chanter** : habile au point de chanter.

CLÉANTE

Hélas ! belle Philis,
Se pourrait-il que l'amoureux Tircis
Eût assez de bonheur
Pour avoir quelque place dans votre cœur ?

ANGÉLIQUE

260 Je ne m'en défends point dans cette peine extrême :
Oui, Tircis, je vous aime.

CLÉANTE

Ô parole pleine d'appas[1] !
Ai-je bien entendu, hélas !
Redites-la, Philis, que je n'en doute pas.

ANGÉLIQUE

265   Oui, Tircis, je vous aime.

CLÉANTE

De grâce, encor, Philis.

ANGÉLIQUE

Je vous aime.

CLÉANTE

Recommencez cent fois, ne vous en lassez pas.

ANGÉLIQUE

Je vous aime, je vous aime ;
270   Oui, Tircis, je vous aime.

CLÉANTE

Dieux, rois, qui sous vos pieds regardez tout le monde,
Pouvez-vous comparer votre bonheur au mien ?

---

1. Ô parole pleine d'appas : ô parole prometteuse.

117

Mais, Philis, une pensée
Vient troubler ce doux transport
275   Un rival, un rival...

ANGÉLIQUE

Ah ! je le hais plus que la mort,
Et sa présence, ainsi qu'à vous,
M'est un cruel supplice.

CLÉANTE

Mais un père[1] à ses vœux vous veut assujettir[2].

ANGÉLIQUE

280   Plutôt, plutôt mourir
Que de jamais y consentir ;
Plutôt, plutôt mourir, plutôt mourir !

ARGAN. Et que dit le père à tout cela ?

CLÉANTE. Il ne dit rien.

285 ARGAN. Voilà un sot père que ce père-là de souffrir[3] toutes ces sottises-là sans rien dire !

CLÉANTE. Ah ! mon amour...

ARGAN. Non, non, en voilà assez. Cette comédie-là est de fort mauvais exemple. Le berger Tircis est un impertinent, et
290 la bergère Philis, une impudente[4] de parler de la sorte devant son père. Montrez-moi ce papier. Ah ! ah ! Où sont donc les paroles que vous avez dites ? Il n'y a là que de la musique écrite.

---

1. **Un père** : votre père.
2. **Vous assujettir** : vous contraindre.
3. **Souffrir** : tolérer, supporter.
4. **Impudente** : insolente.

CLÉANTE. Est-ce que vous ne savez pas, monsieur, qu'on a
295 trouvé depuis peu l'invention[1] d'écrire les paroles avec les
notes mêmes ?

ARGAN. Fort bien. Je suis votre serviteur[2], monsieur ;
jusqu'au revoir. Nous nous serions bien passés de votre
impertinent d'opéra.

300 CLÉANTE. J'ai cru vous divertir.

ARGAN. Les sottises ne divertissent point. Ah ! voici ma
femme.

---

1. **On a trouvé depuis peu l'invention** : on a mis au point depuis peu le
procédé ingénieux.
2. **Je suis votre serviteur** : formule de politesse, utilisée ici pour congédier
l'interlocuteur.

REPÈRES

• La position de cette scène dans un acte comportant neuf scènes et un intermède est-elle importante ?

OBSERVATION

• **Le premier compliment de Thomas** : relevez dans un tableau les figures d'opposition d'une part, les figures de répétition (synonymie, répétition d'une même idée, etc.) d'autre part. La rhétorique mise en œuvre vous paraît-elle originale ou au contraire très conventionnelle ? L. 47 à 51 : la construction syntaxique utilisée vous paraît-elle élégante ?
• **Le deuxième compliment de Thomas** : quelles sont les deux figures qu'il emploie systématiquement ? Les images vous paraissent-elles originales ?
• **Portrait du fils par son père** : quel contraste important se dégage entre l'enfant collégien et l'étudiant ? Recensez les qualités qui sont celles de Thomas étudiant aux yeux de son père. Relevez les formules superlatives et le vocabulaire élogieux. Sur quelles compétences insiste-t-il ?
• **L'opéra** : pourquoi le sujet de l'opéra est-il si longuement développé par Cléante ? Montrez que cette narration peut être lue comme une réponse au récit du rêve d'Angélique. En étudiant le jeu des destinataires, montrez que ce récit n'a pas le même sens pour Angélique et les autres auditeurs. En quoi le chant est-il ici un moyen de communication détourné ?

INTERPRÉTATIONS

• **L'éducation** : le regard que M. Diafoirus porte sur son enfant vous paraît-il paternel ? Quels sont les problèmes de Thomas enfant ? Le père s'en montre-t-il soucieux ? Pensez-vous que des parents et des éducateurs d'aujourd'hui réagiraient de la même façon ? Quelle est l'idée fixe qui inspire à M. Diafoirus son système d'éducation ? Ce système vous paraît-il efficace ?

Scène 6. Béline, Argan, Toinette, Angélique, Monsieur Diafoirus, Thomas Diafoirus.

Argan. M'amour, voilà le fils de monsieur Diafoirus.

Thomas Diafoirus *commence un compliment qu'il avait étudié, et la mémoire lui manquant, il ne peut continuer.* Madame, c'est avec justice que le ciel vous a concédé le nom de belle-mère, puisque l'on voit sur votre visage...

Béline. Monsieur, je suis ravie d'être venue ici à propos[1]
5 pour avoir l'honneur de vous voir.

Thomas Diafoirus. Puisque l'on voit sur votre visage... puisque l'on voit sur votre visage... Madame, vous m'avez interrompu dans le milieu de ma période[2], et cela m'a troublé la mémoire.

10 Monsieur Diafoirus. Thomas, réservez cela pour une autre fois.

Argan. Je voudrais, mamie, que vous eussiez été ici tantôt[3].

Toinette. Ah ! madame, vous avez bien perdu de n'avoir
15 point été au[4] second père, à la statue de Memnon et à la fleur nommée héliotrope.

Argan. Allons, ma fille, touchez dans la main[5] de monsieur et lui donnez votre foi comme à votre mari[6].

---

1. **À propos** : au moment opportun.
2. **Période** : phrase longuement développée et grammaticalement complexe.
3. **Tantôt** : il y a un instant.
4. **N'avoir point été au** : d'avoir été absente au moment où il a parlé du second père.
5. **Touchez dans la main** : tendez-lui votre main en signe de promesse et d'engagement.
6. **Lui donnez votre foi comme à votre mari** : faites-lui serment qu'il sera votre époux.

ANGÉLIQUE. Mon père !

20 ARGAN. Hé bien, mon père ! qu'est-ce que cela veut dire ?

ANGÉLIQUE. De grâce, ne précipitez pas les choses. Donnez-nous au moins le temps de nous connaître et de voir naître en nous l'un pour l'autre cette inclination si nécessaire à composer une union parfaite.

25 THOMAS DIAFOIRUS. Quant à moi, mademoiselle, elle est déjà toute née en moi, et je n'ai pas besoin d'attendre davantage.

ANGÉLIQUE. Si vous êtes si prompt, monsieur, il n'en est pas de même de moi, et je vous avoue que votre mérite n'a pas 30 encore fait assez d'impression dans mon âme.

ARGAN. Oh ! bien, bien ; cela aura tout le loisir de se faire quand vous serez mariés ensemble.

ANGÉLIQUE. Hé ! mon père, donnez-moi du temps, je vous prie. Le mariage est une chaîne où [1] l'on ne doit jamais sou-35 mettre un cœur par force ; et, si monsieur est honnête homme, il ne doit point vouloir accepter une personne qui serait à lui par contrainte.

THOMAS DIAFOIRUS. *Nego consequentiam* [2], mademoiselle, et je puis être honnête homme et vouloir bien vous accepter 40 des mains de monsieur votre père.

ANGÉLIQUE. C'est un méchant [3] moyen de se faire aimer de quelqu'un que de lui faire violence.

THOMAS DIAFOIRUS. Nous lisons des anciens, mademoi-selle, que leur coutume était d'enlever par force de la maison

---

1. Où : à laquelle.
2. Nego consequentiam (latin) : je rejette la conséquence. Formule utilisée dans les débats rhétoriques de l'université.
3. Méchant : mauvais.

45 des pères les filles qu'on menait marier, afin qu'il ne semblât pas que ce fût de leur consentement qu'elles convolaient[1] dans les bras d'un homme.

ANGÉLIQUE. Les anciens, monsieur, sont les anciens, et nous sommes les gens de maintenant. Les grimaces ne sont point 50 nécessaires dans notre siècle, et, quand un mariage nous plaît, nous savons fort bien y aller sans qu'on nous y traîne. Donnez-vous patience[2] ; si vous m'aimez, monsieur, vous devez vouloir tout ce que je veux.

THOMAS DIAFOIRUS. Oui, mademoiselle, jusqu'aux intérêts 55 de mon amour exclusivement.

ANGÉLIQUE. Mais la grande marque d'amour, c'est d'être soumis aux volontés de celle qu'on aime.

THOMAS DIAFOIRUS. *Distinguo*[3], mademoiselle : dans ce qui ne regarde point sa possession, *concedo*[3] ; mais dans ce 60 qui la regarde, *nego*[3].

TOINETTE. Vous avez beau raisonner. Monsieur est frais émoulu[4] du collège, et il vous donnera toujours votre reste[5]. Pourquoi tant résister et refuser la gloire d'être attachée au corps de la Faculté ?

65 BÉLINE. Elle a peut-être quelque inclination en tête.

ANGÉLIQUE. Si j'en avais, madame, elle serait telle que la raison et l'honnêteté pourraient me la permettre.

ARGAN. Ouais ! je joue ici un plaisant personnage.

---

1. **Convolaient** : se mariaient.
2. **Donnez-vous patience** : prenez patience.
3. **Distinguo – concedo – nego** (latin) : je distingue, je concède, je nie.
Terminologie de la rhétorique argumentative utilisée dans les débats d'école.
4. **Frais émoulu** : récemment sorti.
5. **Il vous donnera toujours votre reste** : il aura toujours le dernier mot.

BÉLINE. Si j'étais que de vous [1], mon fils, je ne la forcerais
70 point à se marier, et je sais bien ce que je ferais.

ANGÉLIQUE. Je sais, madame, ce que vous voulez dire, et les
bontés que vous avez pour moi ; mais peut-être que vos
conseils ne seront pas assez heureux pour être exécutés.

BÉLINE. C'est que les filles bien sages et bien honnêtes
75 comme vous se moquent d'être obéissantes et soumises aux
volontés de leurs pères. Cela était bon autrefois.

ANGÉLIQUE. Le devoir d'une fille a des bornes, madame, et
la raison et les lois ne l'étendent point à toutes sortes de
choses.

80 BÉLINE. C'est-à-dire que vos pensées ne sont que pour le
mariage ; mais vous voulez choisir un époux à votre
fantaisie [2].

ANGÉLIQUE. Si mon père ne veut pas me donner un mari
qui me plaise, je le conjurerai au moins de ne me point forcer
85 à en épouser un que je ne puisse aimer.

ARGAN. Messieurs, je vous demande pardon de tout ceci.

ANGÉLIQUE. Chacun a son but en se mariant. Pour moi, qui
ne veux un mari que pour l'aimer véritablement, et qui prétends en faire tout l'attachement de ma vie [3], je vous avoue
90 que j'y cherche quelque précaution [4]. Il y en a d'autres qui
prennent des maris seulement pour se tirer de la contrainte [5]
de leurs parents et se mettre en état de faire tout ce qu'elles
voudront. Il y en a d'autres, madame, qui font du mariage
un commerce de pur intérêt ; qui ne se marient que pour

---

1. **Si j'étais que de vous** : si j'étais à votre place.
2. **À votre fantaisie** : à votre goût.
3. **Et qui prétends (...) vie** : qui prétends l'attacher à moi pour la vie entière.
4. **Précaution** : garantie.
5. **Se tirer de la contrainte** : se soustraire à la surveillance.

95 gagner des douaires[1], que pour s'enrichir par la mort de ceux
qu'elles épousent, et courent sans scrupule de mari en mari
pour s'approprier leurs dépouilles. Ces personnes-là, à la
vérité, n'y cherchent pas tant de façons[2] et regardent peu à
la personne.

100 BÉLINE. Je vous trouve aujourd'hui bien raisonnante[3], et je
voudrais bien savoir ce que vous voulez dire par là.

ANGÉLIQUE. Moi, madame, que voudrais-je dire que ce que
je dis ?

BÉLINE. Vous êtes si sotte, ma mie, qu'on ne saurait plus
105 vous souffrir[4].

ANGÉLIQUE. Vous voudriez bien, madame, m'obliger à vous
répondre quelque impertinence[5], mais je vous avertis que
vous n'aurez pas cet avantage.

BÉLINE. Il n'est rien d'égal à votre insolence.

110 ANGÉLIQUE. Non, madame, vous avez beau dire.

BÉLINE. Et vous avez un ridicule orgueil, une impertinente
présomption[6] qui fait hausser les épaules à tout le monde.

ANGÉLIQUE. Tout cela, madame, ne servira de rien, je serai
sage en dépit de vous ; et, pour vous ôter l'espérance de
115 pouvoir réussir dans ce que vous voulez, je vais m'ôter de
votre vue.

---

1. **Douaires** : biens constituant l'héritage de l'épouse en cas de décès du mari.
2. **N'y cherchent pas tant de façons** : ne s'embarrassent pas tant de scrupules.
3. **Raisonnante** : raisonneuse.
4. **Souffrir** : supporter.
5. **Impertinence** : insolence.
6. **Impertinente présomption** : vanité stupide.

ARGAN. Écoute, il n'y a point de milieu à cela[1]. Choisis d'épouser dans quatre jours ou monsieur ou un couvent. *(À Béline.)* Ne vous mettez pas en peine, je la rangerai[2] bien.

120 BÉLINE. Je suis fâchée de vous quitter, mon fils ; mais j'ai une affaire en ville dont je ne puis me dispenser. Je reviendrai bientôt.

ARGAN. Allez, m'amour, et passez chez votre notaire, afin qu'il expédie[3] ce que vous savez.

125 BÉLINE. Adieu, mon petit ami.

ARGAN. Adieu, mamie. Voilà une femme qui m'aime... cela n'est pas croyable.

MONSIEUR DIAFOIRUS. Nous allons, monsieur, prendre congé de vous.

130 ARGAN. Je vous prie, monsieur, de me dire un peu comment je suis.

MONSIEUR DIAFOIRUS *lui tâte le pouls.* Allons, Thomas, prenez l'autre bras de monsieur, pour voir si vous saurez porter un bon jugement de[4] son pouls. *Quid dicis[5] ?*

135 THOMAS DIAFOIRUS. *Dico[6]* que le pouls de monsieur est le pouls d'un homme qui ne se porte point bien.

MONSIEUR DIAFOIRUS. Bon.

THOMAS DIAFOIRUS. Qu'il est duriuscule[7], pour ne pas dire dur.

---

1. **Il n'y a point de milieu à cela** : il n'y a qu'une alternative.
2. **Rangerai** : je lui imposerai obéissance.
3. **Expédier** : qu'il règle rapidement.
4. **De** : sur.
5. **Quid dicis** (latin) : que dis-tu ?
6. **Dico** (latin) : je dis.
7. **Duriuscule** : légèrement dur (terminologie savante créée à partir du latin).

140 MONSIEUR DIAFOIRUS. Fort bien.

THOMAS DIAFOIRUS. Repoussant[1].

MONSIEUR DIAFOIRUS. *Bene*[2].

THOMAS DIAFOIRUS. Et même un peu caprisant[3].

MONSIEUR DIAFOIRUS. *Optime*[4].

145 THOMAS DIAFOIRUS. Ce qui marque une intempérie[5] dans le parenchyme splénique[6], c'est-à-dire la rate.

MONSIEUR DIAFOIRUS. Fort bien.

ARGAN. Non ; monsieur Purgon dit que c'est mon foie qui est malade.

150 MONSIEUR DIAFOIRUS. Eh ! oui ; qui dit parenchyme dit l'un et l'autre, à cause de l'étroite sympathie[7] qu'ils ont ensemble, par le moyen du *vas breve*[8], du *pylore*[9], et souvent des *méats cholidoques*[10]. Il vous ordonne[11] sans doute de manger force[12] rôti.

155 ARGAN. Non, rien que du bouilli.

---

1. **Repoussant :** qui repousse le doigt du médecin qui ausculte tant les pulsations sont fortes.
2. **Bene** (latin) : bien.
3. **Caprisant** (terme médical) : irrégulier, inégal (« Pouls qui, interrompu au milieu de sa diastole, l'achève ensuite avec précipitation », Littré). On dit aujourd'hui « un pouls capricant » (lat. *capra* qui signifie « chèvre »).
4. **Optime** (latin) : très bien.
5. **Intempérie :** dérèglement.
6. **Parenchyme splénique :** tissus de la rate.
7. **Sympathie :** relation.
8. **Vas breve :** canal biliaire.
9. **Pylore :** extrémité de l'estomac.
10. **Méats cholidoques :** conduits dans lesquels circule la bile. On dit aujourd'hui « canal cholédoque ».
11. **Ordonner :** prescrire par ordonnance.
12. **Force :** beaucoup de.

MONSIEUR DIAFOIRUS. Eh ! oui ; rôti, bouilli, même chose. Il vous ordonne fort prudemment, et vous ne pouvez être en de meilleures mains.

ARGAN. Monsieur, combien est-ce qu'il faut mettre de
160 grains de sel dans un œuf ?

MONSIEUR DIAFOIRUS. Six, huit, dix, par les nombres pairs, comme dans les médicaments par les nombres impairs.

ARGAN. Jusqu'au revoir, monsieur.

SCÈNE 7. BÉLINE, ARGAN.

BÉLINE. Je viens, mon fils, avant de sortir, vous donner avis[1] d'une chose à laquelle il faut que vous preniez garde. En passant par-devant la chambre d'Angélique, j'ai vu un jeune homme avec elle, qui s'est sauvé d'abord qu'il[2] m'a vue.

5 ARGAN. Un jeune homme avec ma fille !

BÉLINE. Oui. Votre petite fille Louison était avec eux, qui pourra vous en dire des nouvelles.

ARGAN. Envoyez-la ici, m'amour, envoyez-la ici. Ah ! l'effrontée ! Je ne m'étonne plus de sa résistance.

---

1. **Vous donner avis :** vous prévenir.
2. **D'abord que :** dès que.

Repères

• En quoi les scènes 5 et 6 sont-elles solidaires ?

Observation

• **Le troisième compliment de Thomas** : sur le modèle du compliment à Angélique, efforcez-vous de poursuivre le compliment avorté à Béline. Inspirez-vous du nom « *belle-mère* » pour prolonger.
• **L. 14** : en quoi le résumé de Toinette est-il fidèle et pertinent ?
• **Angélique et Thomas** : quel champ lexical privilégié trouve-t-on dans les répliques d'Angélique à partir de la ligne 21 ? De quel type de vocabulaire Thomas use-t-il pour répondre à la jeune fille ? Est-ce un langage approprié aux circonstances ?
• **Angélique et sa belle-mère** : l'apostrophe « *Madame* » dans les répliques d'Angélique est-elle seulement respectueuse ?
• Montrez la tension qui oppose les deux personnages. Dégagez les procédés d'antiphrase. Étudiez la manière dont Angélique défie indirectement Béline grâce au sous-entendu.
• « *Que voudrais-je dire que ce que je dis ?* » : pourquoi peut-on dire qu'Angélique viole ici le principe de coopération ? Que veut-elle dire au juste ? Qui triomphe dans cet entretien ?

Interprétations

• **La conception du mariage** : en quoi la conception du mariage défendue par Angélique s'oppose-t-elle à celle de son milieu ? Était-il d'usage que les jeunes filles choisissent leur futur époux dans la tradition bourgeoise du XVIIᵉ siècle ? Quelle est la portée de ses revendications ?
• **Thomas** : dans l'opéra improvisé par Cléante, Thomas est désigné comme un « brutal ». Qu'en pensez-vous ?
• **La vision du monde médical** : quelle réplique de M. Diafoirus révèle le mieux l'imposture médicale ? Quelle réplique de Béralde (scène 3, acte III) dénoncera le mieux cette imposture ?

Scène 8. Louison, Argan.

LOUISON. Qu'est-ce que vous voulez, mon papa ? Ma belle-maman m'a dit que vous me demandez.

ARGAN. Oui. Venez çà[1]. Avancez là. Tournez-vous. Levez les yeux. Regardez-moi. Eh !

5 LOUISON. Quoi, mon papa ?

ARGAN. Là ?

LOUISON. Quoi ?

ARGAN. N'avez-vous rien à me dire ?

LOUISON. Je vous dirai, si vous voulez, pour vous désen-
10 nuyer[2], le conte de *Peau-d'âne*[3] ou bien la fable du *Corbeau et le Renard*[4], qu'on m'a appris depuis peu.

ARGAN. Ce n'est pas là ce que je vous demande.

LOUISON. Quoi donc ?

ARGAN. Ah ! rusée, vous savez bien ce que je veux dire.

15 LOUISON. Pardonnez-moi, mon papa.

ARGAN. Est-ce là comme vous m'obéissez ?

LOUISON. Quoi ?

ARGAN. Ne vous ai-je pas recommandé de me venir dire d'abord[5] tout ce que vous voyez ?

---

1. **Venez çà** : venez par ici.
2. **Désennuyer** : distraire de votre ennui.
3. **Peau-d'âne** : conte que Charles Perrault publiera quelques années plus tard (1694).
4. **Le Corbeau et le Renard** : vraisemblablement la fable du Livre I des *Fables* de La Fontaine. Le recueil des fables du Grec Ésope était très populaire également à cette époque.
5. **D'abord** : sans tarder.

Argan (Michel Bouquet) et Louison (Vanessa Zaoui)
dans une mise en scène de Pierre Boutron.
Théâtre de l'Atelier, 1987.

20 LOUISON. Oui, mon papa.

ARGAN. L'avez-vous fait ?

LOUISON. Oui, mon papa. Je vous suis venue dire tout ce que j'ai vu.

ARGAN. Et n'avez-vous rien vu aujourd'hui ?

25 LOUISON. Non, mon papa.

ARGAN. Non ?

LOUISON. Non, mon papa.

ARGAN. Assurément ?

LOUISON. Assurément.

30 ARGAN. Oh ! çà, je m'en vais vous faire voir quelque chose, moi.
(Il va prendre une poignée de verges[1].)

LOUISON. Ah ! mon papa !

ARGAN. Ah ! ah ! petite masque[2], vous ne me dites pas que vous avez vu un homme dans la chambre de votre 35 sœur ?

LOUISON. Mon papa !

ARGAN. Voici qui vous apprendra à mentir.

LOUISON *se jette à genoux*. Ah ! mon papa, je vous demande pardon. C'est que ma sœur m'avait dit de ne pas 40 vous le dire, et je m'en vais vous dire tout.

ARGAN. Il faut premièrement que vous ayez le fouet pour avoir menti. Puis, après nous verrons au reste.

---

1. **Verges :** baguettes servant à frapper.
2. **Masque :** rusée, rouée.

LOUISON. Pardon, mon papa.

ARGAN. Non, non.

45 LOUISON. Mon pauvre papa, ne me donnez pas le fouet.

ARGAN. Vous l'aurez.

LOUISON. Au nom de Dieu, mon papa, que je ne l'aie pas.

ARGAN, *la prenant pour la fouetter.* Allons, allons.

LOUISON. Ah ! mon papa, vous m'avez blessée. Attendez,
50 je suis morte.
(Elle contrefait[1] la morte.)

ARGAN. Holà ! Qu'est-ce là ? Louison, Louison ! Ah ! mon
Dieu ! Louison ! Ah ! ma fille ! Ah ! malheureux, ma pauvre
fille est morte. Qu'ai-je fait, misérable ? Ah ! chiennes de
verges ! La peste soit des verges ! Ah ! ma pauvre fille, ma
55 pauvre petite Louison.

LOUISON. Là, là, mon papa, ne pleurez point tant ; je ne
suis pas morte tout à fait.

ARGAN. Voyez-vous la petite rusée ! Oh ! çà, çà, je vous
pardonne pour cette fois-ci, pourvu que vous me disiez bien
60 tout.

LOUISON. Oh ! oui, mon papa.

ARGAN. Prenez-y bien garde au moins, car voilà un petit
doigt, qui sait tout, qui me dira si vous mentez.

LOUISON. Mais, mon papa, ne dites pas à ma sœur que je
65 vous l'ai dit.

ARGAN. Non, non.

---

1. **Contrefait** : elle feint d'être morte.

LOUISON. C'est, mon papa, qu'il est venu un homme dans la chambre de ma sœur comme j'y étais.

ARGAN. Hé bien ?

70 LOUISON. Je lui ai demandé ce qu'il demandait, et il m'a dit qu'il était son maître à chanter.

ARGAN. Hom hom ! Voilà l'affaire. Hé bien ?

LOUISON. Ma sœur est venue après.

ARGAN. Hé bien ?

75 LOUISON. Elle lui a dit : « Sortez, sortez, sortez ! Mon Dieu, sortez, vous me mettez au désespoir. »

ARGAN. Hé bien ?

LOUISON. Et lui, il ne voulait pas sortir.

ARGAN. Qu'est-ce qu'il lui disait ?

80 LOUISON. Il lui disait je ne sais combien de choses.

ARGAN. Et quoi encore ?

LOUISON. Il lui disait tout ci, tout ça[1], qu'il l'aimait bien, et qu'elle était la plus belle du monde.

ARGAN. Et puis après ?

85 LOUISON. Et puis après il se mettait à genoux devant elle.

ARGAN. Et puis après ?

LOUISON. Et puis après, il lui baisait les mains.

ARGAN. Et puis après ?

---

1. **Tout ci, tout ça** : ceci, cela, toutes sortes de choses.

LOUISON. Et puis après, ma belle-maman est venue à la
90 porte, et il s'est enfui.

ARGAN. Il n'y a point autre chose ?

LOUISON. Non, mon papa.

ARGAN. Voilà mon petit doigt pourtant qui gronde[1]
quelque chose. *(Il met son doigt à son oreille.)* Attendez.
95 Eh ! Ah ! ah ! Oui ? Oh ! oh ! voilà mon petit doigt qui me
dit quelque chose que vous avez vu, et que vous ne m'avez
pas dit.

LOUISON. Ah ! mon papa, votre petit doigt est un menteur.

ARGAN. Prenez garde.

100 LOUISON. Non, mon papa, ne le croyez pas ; il ment, je
vous assure.

ARGAN. Oh bien, bien, nous verrons cela. Allez-vous-en, et
prenez bien garde à tout ; allez. Ah ! il n'y a plus d'enfants.
Ah ! que d'affaires ! je n'ai pas seulement le loisir de songer
105 à ma maladie. En vérité, je n'en puis plus.
(Il se remet dans sa chaise.)

SCÈNE 9. BÉRALDE, ARGAN.

BÉRALDE. Hé bien, mon frère, qu'est-ce ? Comment vous
portez-vous ?

ARGAN. Ah ! mon frère, fort mal.

BÉRALDE. Comment, fort mal ?

5 ARGAN. Oui, je suis dans une faiblesse si grande que cela
n'est pas croyable.

---

1. **Gronde :** murmure.

BÉRALDE. Voilà qui est fâcheux[1].

ARGAN. Je n'ai pas seulement la force de pouvoir parler.

BÉRALDE. J'étais venu ici, mon frère, vous proposer un
10 parti[2] pour ma nièce Angélique.

ARGAN, *parlant avec emportement et se levant de sa
chaise.* Mon frère, ne me parlez point de cette coquine-là.
C'est une friponne, une impertinente, une effrontée, que je
mettrai dans un couvent avant qu'il soit deux jours[3].

BÉRALDE. Ah ! voilà qui est bien. Je suis bien aise que la
15 force vous revienne un peu et que ma visite vous fasse du
bien. Oh çà, nous parlerons d'affaires tantôt[4]. Je vous amène
ici un divertissement que j'ai rencontré, qui dissipera votre
chagrin et vous rendra l'âme mieux disposée aux choses que
nous avons à dire. Ce sont des Égyptiens[5] vêtus en Mores[6]
20 qui font des danses mêlées de chansons où je suis sûr que
vous prendrez plaisir, et cela vaudra bien une ordonnance de
monsieur Purgon. Allons.

---

1. **Fâcheux :** contrariant.
2. **Un parti :** un époux.
3. **Avant qu'il soit deux jours :** avant que deux jours soient écoulés.
4. **Tantôt :** tout à l'heure.
5. **Égyptiens :** Bohémiens.
6. **Mores :** population nord-africaine (autre orthographe : « Maure »).

Deuxième intermède

*Le frère du Malade imaginaire lui amène, pour le divertir,
plusieurs Égyptiens et Égyptiennes vêtus en Mores, qui font
des danses entremêlées de chansons.*

Première femme more

Profitez du printemps
De vos beaux ans,
Aimable[1] jeunesse ;
Profitez du printemps
5 De vos beaux ans,
Donnez-vous à la tendresse.

Les plaisirs les plus charmants,
Sans l'amoureuse flamme[2],
Pour contenter une âme
10 N'ont point d'attraits assez puissants.

Profitez du printemps
De vos beaux ans,
Aimable jeunesse ;
Profitez du printemps
15 De vos beaux ans,
Donnez-vous à la tendresse.

Ne perdez point ces précieux moments ;
La beauté passe,
Le temps l'efface,

---

1. **Aimable :** faite pour l'amour.
2. **L'amoureuse flamme :** la passion amoureuse.

20 L'âge de glace[1]
Vient à sa place,
Qui nous ôte le goût de ces doux passe-temps.

Profitez du printemps
De vos beaux ans,
25 Aimable jeunesse ;
Profitez du printemps
De vos beaux ans,
Donnez-vous à la tendresse.

Seconde femme more

Quand d'aimer on nous presse,
30 À quoi songez-vous ?
Nos cœurs dans la jeunesse
N'ont vers la tendresse
Qu'un penchant trop doux.
L'amour a, pour nous prendre,
35 De si doux attraits
Que de soi[2], sans attendre,
On voudrait se rendre
À ses premiers traits[3],
Mais tout ce qu'on écoute[4]
40 Des vives douleurs
Et des pleurs qu'il nous coûte
Fait qu'on en redoute
Toutes les douceurs.

Troisième femme more

Il est doux, à notre âge,

---

1. **L'âge de glace :** périphrase pour désigner la vieillesse.
2. **De soi :** de sa propre initiative.
3. **Traits :** flèches. Dans la mythologie, les flèches que tire l'arc de Cupidon, le dieu de l'Amour, pour percer le cœur des jeunes gens, représentent la blessure d'amour.
4. **Tout ce qu'on écoute :** tout ce qu'on entend dire.

45 D'aimer tendrement
   Un amant
   Qui s'engage ;
Mais, s'il est volage[1],
Hélas ! quel tourment !

QUATRIÈME FEMME MORE

50 L'amant qui se dégage[2]
   N'est pas le malheur ;
   La douleur
   Et la rage,
C'est que le volage
55 Garde notre cœur.

SECONDE FEMME MORE

Quel parti faut-il prendre
Pour nos jeunes cœurs ?

QUATRIÈME FEMME MORE

Devons-nous nous y rendre
Malgré ses rigueurs ?

ENSEMBLE

60 Oui, suivons ses ardeurs,
Ses transports, ses caprices,
Ses douces langueurs ;
S'il a quelques supplices,
Il a cent délices
65 Qui charment les cœurs.

ENTRÉE DE BALLET

Tous les Mores dansent ensemble et font sauter des singes qu'ils ont amenés avec eux.

---

1. **Volage** : infidèle, inconstant.
2. **Qui se dégage** : qui se délie de son serment amoureux.

Repères

• Quelle est la fonction des scènes 7 et 9 ? En quoi la scène 8 offre-t-elle un contraste avec les scènes qui précèdent ? Comment enchaîne-t-elle sur la suivante ?

Observation

• **Le père et l'enfant :** l. 3 et 4. En quoi cette réplique d'Argan remplace-t-elle des didascalies ? Quels gestes et déplacements doit exécuter la jeune comédienne qui interprète le rôle ?
• Observez les premières répliques de Louison. Que traduit la tournure interrogative de la phrase ? En quoi l'épithète « *rusée* » employée par Argan se justifie-t-elle dans ce contexte ?
• Quelles expressions vous paraissent caractéristiques d'un langage enfantin dans le récit de Louison ?

Interprétations

• **La maladie :** « *le loisir de songer à ma maladie* ». Quelle portée donnez-vous à cette formulation ? En quoi nous éclaire-t-elle sur la « maladie » d'Argan ?
• **L'échange entre un adulte et un enfant :** cet entretien vous paraît-il manifester un souci de réalisme de la part de Molière ? Pourquoi ? Dans quelle mesure peut-on le rapprocher de l'entretien entre Arnolphe et sa pupille Agnès à l'acte II ? Argan et Arnolphe n'ont-ils pas des réactions semblables ? Lesquelles ?
• Quel autre aspect de la personnalité d'Argan se manifeste dans cette scène ? Retrouve-t-on le despote acariâtre des échanges précédents ? La puérilité est-elle le seul fait de Louison ? Quelle sorte de complicité y a-t-il entre ces deux personnages ?
• La peur qu'il éprouve au moment où la petite fille feint d'être morte vous paraît-elle sincère ou simulée ? Étayez votre réponse en mobilisant ce que nous savons déjà du personnage.
• Que pensez-vous de l'utilisation que fait le père de sa petite fille ? Comment la qualifier ? S'inscrit-elle uniquement dans l'ordre de la complicité ludique ou vous paraît-elle plus suspecte ?

L'action

Composition et dramaturgie

Plus encore que dans l'acte précédent, variété est ici le maître mot. La truculence propre à la farce (scène 2) alterne avec la délicatesse galante et les élans lyriques de l'opéra improvisé (scène 5) ; la satire mordante du monde médical (scènes 5 et 6) cohabite avec la fantaisie et le charme ingénu du monde enfantin (scène 8).

Cette diversité est d'autant plus riche théâtralement qu'elle s'inscrit dans l'agencement plus rigoureux d'une composition en trois parties : au centre, l'ensemble satirique des scènes 5 et 6 encadré par deux scènes de tonalités comiques très différentes (scènes 2 et 8), les scènes restantes assurant les enchaînements. Tel est l'agencement robuste qui confère à l'acte II cet équilibre, cette unité dans la diversité qui fait toute la saveur de la dramaturgie comique de Molière. Deux questions restent en suspens à l'issue de cet acte II : Argan mettra-t-il à exécution son projet de cloîtrer Angélique ? Quel rôle va jouer Béralde : opposant ou auxiliaire au projet d'Argan ?

Le temps et le lieu

Nous disposons d'indices précis sur le temps écoulé entre l'acte I et l'acte II. Retrouvez-les en relisant une réplique d'Angélique à la scène 3 et de Toinette à la scène 4. Quelle indication de la scène 2 précise non seulement le moment de la journée mais aussi le lieu où se déroule l'action ? Les règles classiques de l'unité de temps et de lieu sont-elles respectées ?

Thèmes

La perspective est celle d'un enrichissement des thèmes déjà présents à l'acte I. Ainsi, la culture galante du sentiment amoureux, ou bien encore le culte du raffinement ou de la délicatesse mondaine (l'honnêteté) prennent ici un relief d'autant plus significatif qu'ils sont opposés au thème du pédantisme caractérisé par la suffisance et la muflerie outrageante d'esprits mal dégrossis. De même, le thème de la ruse et de la dissimulation s'étoffe ici d'expériences nouvelles : faux maître de musique, faux rêve d'Angélique, faux opéra, fausse mort de Louison.

Les personnages

Figures nouvelles

Nul doute que les **Diafoirus** ne soient les véritables réussites de cet acte. L'un comme l'autre sont les produits d'un système de formation que la comédie dénonce vigoureusement. Ils incarnent cette ignorance savante dispensée par la faculté de médecine, et partagent donc la même grandiloquence ridicule, le même aveuglement opiniâtre, le même conservatisme borné. S'il est vrai que la comédie les enveloppe dans une même dérision satirique, sans doute peut-on considérer que Thomas bénéficie de circonstances atténuantes. Pourquoi, à votre avis ? **Louison** est une autre figure originale qui ajoute cette note indispensable d'insouciance ludique, de fantaisie espiègle et rusée dans un monde d'adultes aveugles ou calculateurs. De ce point de vue, elle complète de façon très évocatrice la galerie des personnages de cette pièce qui ont choisi le jeu et les masques comme moyen de résistance ou de dédramatisation. **Cléante** est, de tous, le personnage le plus conventionnel : jeune premier exalté et ingénieux, conformément au profil de l'emploi chez Molière.

Personnages connus

Argan apparaît dans cet acte comme une figure plus contrastée. Sa confrontation avec les Diafoirus confirme l'emprise de la « *maladie des médecins* », qui prend, chez lui, la forme d'une sacralisation du corps médical. Mais l'entretien avec Louison révèle un personnage moins odieux, plus sensible, même si son comportement ne laisse pas d'être inquiétant. **Angélique** est métamorphosée. La modestie effacée de l'ingénue cède la place à la pugnacité rebelle de l'amoureuse. Rappelons qu'elle sort victorieuse de l'altercation avec **Béline**. Celle-ci, toujours aussi fausse et insinuante, continue d'œuvrer dans les coulisses.

Représentation du Malade imaginaire *en 1674*
(un an après la mort de Molière) dans les jardins de Versailles.
Détail d'une gravure de Jean Lepautre (1676). B.N. Paris.
Au centre de la scène, Argan dans son fauteuil ;
parmi le public au premier plan, Louis XIV vu de dos.

ACTE III

SCÈNE PREMIÈRE. BÉRALDE, ARGAN, TOINETTE.

BÉRALDE. Hé bien ! mon frère, qu'en dites-vous ? Cela ne vaut-il pas une prise[1] de casse[2] ?

TOINETTE. Hom ! de bonne casse est bonne[3].

BÉRALDE. Oh çà, voulez-vous que nous parlions un peu ensemble ?

ARGAN. Un peu de patience, mon frère, je vais revenir.

TOINETTE. Tenez, monsieur, vous ne songez pas[4] que vous ne sauriez marcher sans bâton.

ARGAN. Tu as raison.

SCÈNE 2. BÉRALDE, TOINETTE.

TOINETTE. N'abandonnez pas, s'il vous plaît, les intérêts de votre nièce.

BÉRALDE. J'emploierai toutes choses pour lui obtenir ce qu'elle souhaite.

TOINETTE. Il faut absolument empêcher ce mariage extra-

---

1. **Prise** : mesure à prendre en une fois.
2. **Casse** : remède laxatif.
3. **De bonne casse est bonne** : une prise de bonne casse est bonne.
4. **Vous ne songez pas** : vous ne réfléchissez pas.

vagant qu'il s'est mis dans la fantaisie[1], et j'avais songé en moi-même que ç'aurait été une bonne affaire de pouvoir introduire ici un médecin à notre poste[2] pour le dégoûter de son monsieur Purgon et lui décrier sa conduite[3]. Mais,
10   comme nous n'avons personne en main pour cela, j'ai résolu de jouer un tour de ma tête[4].

BÉRALDE.   Comment ?

TOINETTE.   C'est une imagination burlesque[5]. Cela sera peut-être plus heureux[6] que sage. Laissez-moi faire ; agissez
15   de votre côté. Voici notre homme.

SCÈNE 3. ARGAN, BÉRALDE.

BÉRALDE.   Vous voulez bien, mon frère, que je vous demande, avant toute chose, de ne vous point échauffer l'esprit[7] dans notre conversation.

ARGAN.   Voilà qui est fait.

5   BÉRALDE.   De répondre sans nulle aigreur[8] aux choses que je pourrai vous dire.

ARGAN.   Oui.

---

1. **Qu'il s'est mis dans la fantaisie** : qu'il s'est mis dans l'esprit.
2. **À notre poste** : à notre convenance.
3. **Décrier sa conduite** : déprécier sa réputation.
4. **De ma tête** : de ma façon.
5. **Imagination burlesque** : invention divertissante.
6. **Heureux** : qui est source de plaisir et de succès.
7. **Ne vous point échauffer l'esprit** : ne pas vous emporter.
8. **Sans nulle aigreur** : sans aucun accès de colère.

BÉRALDE. Et de raisonner ensemble, sur les affaires dont nous avons à parler, avec un esprit détaché de toute
10 passion[1].

ARGAN. Mon Dieu, oui. Voilà bien du préambule[2].

BÉRALDE. D'où vient, mon frère, qu'ayant le bien que vous avez, et n'ayant d'enfants qu'une fille, car je ne compte pas la petite, d'où vient, dis-je, que vous parlez de la mettre dans
15 un couvent ?

ARGAN. D'où vient, mon frère, que je suis maître dans ma famille pour faire ce que bon me semble ?

BÉRALDE. Votre femme ne manque pas de vous conseiller de vous défaire[3] ainsi de vos deux filles, et je ne doute point
20 que, par un esprit de charité, elle ne fût ravie de les voir toutes deux bonnes religieuses.

ARGAN. Oh çà, nous y voici. Voilà d'abord[4] la pauvre femme en jeu[5]. C'est elle qui fait tout le mal, et tout le monde lui en veut.

25 BÉRALDE. Non, mon frère ; laissons-la là : c'est une femme qui a les meilleures intentions du monde pour votre famille, et qui est détachée de toute sorte d'intérêt ; qui a pour vous une tendresse merveilleuse, et qui montre pour vos enfants une affection et une bonté qui n'est pas concevable ; cela est
30 certain. N'en parlons point, et revenons à votre fille. Sur quelle pensée, mon frère, la voulez-vous donner en mariage[6] au fils d'un médecin ?

---

1. **Passion** : emportement.
2. **Voilà bien du préambule** : quelle introduction interminable !
3. **Vous défaire** : vous débarrasser.
4. **D'abord** : aussitôt.
5. **En jeu** : mise en cause.
6. **Sur quelle pensée (...) mariage** : quelle pensée motive votre décision de la donner en mariage ?

ARGAN. Sur la pensée, mon frère, de me donner un gendre tel qu'il me faut.

35 BÉRALDE. Ce n'est point là, mon frère, le fait de[1] votre fille, et il se présente un parti plus sortable[2] pour elle.

ARGAN. Oui ; mais celui-ci, mon frère, est plus sortable pour moi.

BÉRALDE. Mais le mari qu'elle doit prendre doit-il être, mon 40 frère, ou pour elle, ou pour vous ?

ARGAN. Il doit être, mon frère, et pour elle et pour moi, et je veux mettre dans ma famille les gens dont j'ai besoin.

BÉRALDE. Par cette raison-là, si votre petite était grande, vous lui donneriez en mariage un apothicaire.

45 ARGAN. Pourquoi non ?

BÉRALDE. Est-il possible que vous serez[3] toujours embé-guiné de[4] vos apothicaires et de vos médecins, et que vous vouliez être malade en dépit des gens et de la nature ?

ARGAN. Comment l'entendez-vous[5], mon frère ?

50 BÉRALDE. J'entends, mon frère, que je ne vois point d'homme qui soit moins malade que vous, et que je ne demanderais point une meilleure constitution que la vôtre. Une grande marque que vous vous portez bien, et que vous avez un corps parfaitement bien composé[6], c'est qu'avec tous 55 les soins que vous avez pris, vous n'avez pu parvenir encore

---

1. **Le fait de** : ce qui convient à.
2. **Plus sortable** : qui lui convient davantage.
3. **Vous serez** : on dirait aujourd'hui « vous soyez ».
4. **Embéguiné de** : obsédé par.
5. **Comment l'entendez-vous ?** : qu'entendez-vous par là ?
6. **Composé** : sain et robuste.

à gâter la bonté de votre tempérament[1], et que vous n'êtes point crevé[2] de toutes les médecines qu'on vous a fait prendre.

ARGAN. Mais savez-vous, mon frère, que c'est cela qui me
60 conserve, et que monsieur Purgon dit que je succomberais s'il était seulement trois jours sans prendre soin de moi ?

BÉRALDE. Si vous n'y prenez garde, il prendra tant de soin qu'il vous enverra en l'autre monde.

ARGAN. Mais raisonnons un peu, mon frère. Vous ne croyez
65 donc point à la médecine ?

BÉRALDE. Non, mon frère, et je ne vois pas que pour son salut il soit nécessaire d'y croire.

ARGAN. Quoi ! vous ne tenez pas véritable une chose établie par tout le monde, et que tous les siècles ont révérée ?

70 BÉRALDE. Bien loin de la tenir véritable, je la trouve, entre nous, une des plus grandes folies qui soit parmi les hommes, et, à regarder les choses en philosophe[3], je ne vois point de plus plaisante momerie[4] ; je ne vois rien de plus ridicule qu'un homme qui se veut mêler d'en guérir un autre.

75 ARGAN. Pourquoi ne voulez-vous pas, mon frère, qu'un homme en puisse guérir un autre ?

BÉRALDE. Par la raison, mon frère, que les ressorts[5] de

---

1. **Gâter la bonté de votre tempérament :** dégrader la robustesse et la santé de votre constitution physique.
2. **Crevé :** mort (registre familier mais non grossier au XVIIe siècle).
3. **Philosophe :** moraliste qui étudie les mœurs et le comportement des hommes. « Le philosophe consume sa vie à observer les hommes et il use ses esprits à en démêler les vices et les ridicules. » (La Bruyère, *Les Caractères*, I, 34).
4. **Momerie :** divertissement bouffon donné par des personnages masqués. Sens figuré : hypocrisie.
5. **Les ressorts :** mécanismes qui engendrent la vie.

notre machine [1] sont des mystères, jusques ici, où [2] les hommes ne voient goutte, et que la nature nous a mis au-
80 devant des yeux des voiles trop épais pour y connaître quelque chose.

ARGAN. Les médecins ne savent donc rien, à votre compte [3] ?

BÉRALDE. Si fait, mon frère. Ils savent la plupart de fort
85 belles humanités [4], savent parler en beau latin, savent nommer en grec toutes les maladies, les définir et les diviser [5], mais, pour ce qui est de les guérir, c'est ce qu'ils ne savent point du tout.

ARGAN. Mais toujours faut-il demeurer d'accord que sur
90 cette matière les médecins en savent plus que les autres.

BÉRALDE. Ils savent, mon frère, ce que je vous ai dit, qui ne guérit pas de grand-chose, et toute l'excellence de leur art consiste en un pompeux galimatias [6], en un spécieux babil [7], qui vous donne des mots pour des raisons et des promesses
95 pour des effets.

ARGAN. Mais enfin, mon frère, il y a des gens aussi sages et aussi habiles [8] que vous ; et nous voyons que dans la maladie tout le monde a recours aux médecins.

BÉRALDE. C'est une marque de la faiblesse humaine, et non
100 pas de la vérité de leur art.

---

1. **Machine** : le corps humain (considéré comme un ensemble de mécanismes organiques et physiologiques).
2. **Où** : auxquels.
3. **À votre compte** : selon vous.
4. **Humanités** : connaissances de la langue et de la littérature grecque et latine.
5. **Diviser** : classer, répertorier.
6. **Pompeux galimatias** : discours nébuleux, inintelligible et pédant.
7. **Spécieux babil** : bavardage doctement formulé mais totalement inconsistant.
8. **Habiles** : intelligents, savants.

ARGAN. Mais il faut bien que les médecins croient leur art véritable, puisqu'ils s'en servent pour eux-mêmes.

BÉRALDE. C'est qu'il y en a parmi eux qui sont eux-mêmes dans l'erreur populaire, dont ils profitent, et d'autres qui en 105 profitent sans y être. Votre monsieur Purgon, par exemple, n'y sait point de finesse[1] ; c'est un homme tout médecin, depuis la tête jusqu'aux pieds ; un homme qui croit à ses règles plus qu'à toutes les démonstrations des mathématiques, et qui croirait du crime à[2] les vouloir examiner ; qui ne voit 110 rien d'obscur dans la médecine, rien de douteux, rien de difficile, et qui, avec une impétuosité de prévention[3], une raideur de confiance[4], une brutalité de sens commun et de raison[5], donne au travers[6] des purgations et des saignées, et ne balance[7] aucune chose. Il ne lui faut point vouloir mal 115 de tout ce qu'il pourra vous faire ; c'est de la meilleure foi du monde qu'il vous expédiera[8], et il ne fera, en vous tuant, que ce qu'il fait à sa femme et à ses enfants, et ce qu'en un besoin[9] il ferait à lui-même.

ARGAN. C'est que vous avez, mon frère, une dent de lait 120 contre lui[10]. Mais, enfin, venons au fait. Que faire donc quand on est malade ?

BÉRALDE. Rien, mon frère.

---

1. **N'y sait point de finesse** : n'y met aucune malice, aucune ruse, ne cherche pas à duper.

2. **Qui croirait du crime à** : qui croirait qu'il est criminel de vouloir les examiner.

3. **Impétuosité de prévention** : avec la véhémence d'un individu dominé par ses préjugés.

4. **Une raideur de confiance** : une confiance en soi inébranlable.

5. **Une brutalité (...) raison** : un manque de subtilité.

6. **Donne au travers** : se lance sans discernement dans l'utilisation.

7. **Balance** : considère profondément, pèse.

8. **Il vous expédiera** : tuera.

9. **En un besoin** : au besoin.

10. **Vous avez une dent de lait contre lui** : vous avez une dent contre lui, vous lui en voulez.

ARGAN. Rien ?

BÉRALDE. Rien. Il ne faut que demeurer en repos. La nature,
125 d'elle-même, quand nous la laissons faire, se tire doucement
du désordre où elle est tombée. C'est notre inquiétude, c'est
notre impatience qui gâte tout, et presque tous les hommes
meurent de leurs remèdes, et non pas de leurs maladies.

ARGAN. Mais il faut demeurer d'accord, mon frère, qu'on
130 peut aider cette nature par de certaines choses.

BÉRALDE. Mon Dieu, mon frère, ce sont pures idées dont
nous aimons à nous repaître, et de tout temps il s'est glissé
parmi les hommes de belles imaginations[1] que nous venons
à croire, parce qu'elles nous flattent, et qu'il serait à souhaiter
135 qu'elles fussent véritables. Lorsqu'un médecin vous parle
d'aider, de secourir, de soulager la nature, de lui ôter ce qui
lui nuit et lui donner ce qui lui manque, de la rétablir et de
la remettre dans une pleine facilité de ses fonctions ; lorsqu'il
vous parle de rectifier[2] le sang, de tempérer[3] les entrailles et
140 le cerveau, de dégonfler la rate, de raccommoder[4] la poitrine,
de réparer le foie, de fortifier le cœur, de rétablir et conserver
la chaleur naturelle, et d'avoir des secrets pour étendre la vie
à de longues années, il vous dit justement[5] le roman[6] de la
médecine. Mais, quand vous venez à la vérité et à l'expé-
145 rience, vous ne trouvez rien de tout cela, et il en est comme
de ces beaux songes qui ne vous laissent au réveil que le
déplaisir de les avoir crus.

---

1. **Imaginations :** chimères, idées fantaisistes.
2. **Rectifier :** purifier.
3. **Tempérer :** rafraîchir.
4. **Raccommoder :** remettre en bon état de fonctionnement.
5. **Justement :** précisément.
6. **Roman :** histoire mensongère.

Argan. C'est-à-dire que toute la science du monde est ren-
fermée dans votre tête, et vous voulez en savoir plus que tous
150 les grands médecins de notre siècle.

Béralde. Dans les discours et dans les choses, ce sont deux
sortes de personnes que vos grands médecins : entendez-les
parler[1], les plus habiles[2] du monde ; voyez-les faire, les plus
ignorants de tous les hommes.

155 Argan. Ouais ! Vous êtes un grand docteur, à ce que je
vois, et je voudrais bien qu'il y eût ici quelqu'un de ces
messieurs pour rembarrer[3] vos raisonnements et rabaisser
votre caquet[4].

Béralde. Moi, mon frère, je ne prends point à tâche de
160 combattre la médecine, et chacun, à ses périls et fortune[5],
peut croire tout ce qu'il lui plaît. Ce que j'en dis n'est qu'entre
nous, et j'aurais souhaité de pouvoir un peu vous tirer de
l'erreur où vous êtes, et, pour vous divertir, vous mener voir,
sur ce chapitre, quelqu'une des comédies de Molière.

165 Argan. C'est un bon impertinent que votre Molière avec
ses comédies, et je le trouve bien plaisant[6] d'aller jouer[7]
d'honnêtes gens comme les médecins.

Béralde. Ce ne sont point les médecins qu'il joue, mais le
ridicule de la médecine.

170 Argan. C'est bien à lui de se mêler de contrôler la médecine ! Voilà un bon nigaud, un bon impertinent, de se moquer

---

1. **Entendez-les parler** : tournure elliptique. Entendez-les parler, ce sont les plus
habiles.
2. **Habiles** : cultivés, savants.
3. **Rembarrer** : repousser.
4. **Rabaisser votre caquet** : vous réduire au silence.
5. **À ses périls et fortune** : à ses risques et périls.
6. **Plaisant** : qui fait rire à ses dépens (emploi ironique).
7. **Jouer** : donner en spectacle dans le but de ridiculiser.

des consultations et des ordonnances, de s'attaquer au corps des médecins, et d'aller mettre sur son théâtre des personnes vénérables comme ces messieurs-là.

175 BÉRALDE. Que voulez-vous qu'il y mette, que les diverses[1] professions des hommes ? On y met bien tous les jours les princes et les rois, qui sont d'aussi bonne maison que les médecins.

ARGAN. Par la mort non de diable[2] ! si j'étais que[3] des 180 médecins, je me vengerais de son impertinence, et, quand il sera malade, je le laisserais mourir sans secours. Il aurait beau faire et beau dire, je ne lui ordonnerais[4] pas la moindre petite saignée, le moindre petit lavement, et je lui dirais : « Crève[5], crève, cela t'apprendra une autre fois à te jouer à[6] la 185 Faculté. »

BÉRALDE. Vous voilà bien en colère contre lui.

ARGAN. Oui, c'est un malavisé[7], et, si les médecins sont sages, ils feront ce que je dis.

BÉRALDE. Il sera encore plus sage que vos médecins, car il 190 ne leur demandera point de secours.

ARGAN. Tant pis pour lui, s'il n'a point recours aux remèdes.

BÉRALDE. Il a ses raisons pour n'en point vouloir, et il soutient que cela n'est permis qu'aux gens vigoureux et robustes

---

1. **Que les diverses** : sinon.
2. **Par la mort non de diable !** : euphémisme. Le nom du Diable est invoqué pour éviter le blasphème qui consiste à prononcer le nom de Dieu.
3. **Si j'étais que** : si j'étais à la place.
4. **Ne lui ordonnerais** : ne lui prescrirais pas par ordonnance.
5. **Crève** : meurt.
6. **Te jouer à** : t'en prendre à.
7. **Malavisé** : sot dépourvu de jugement.

195 et qui ont des forces de reste pour porter[1] les remèdes avec
la maladie ; mais que, pour lui, il n'a justement de la force
que pour porter son mal.

ARGAN. Les sottes raisons que voilà ! Tenez, mon frère, ne
parlons point de cet homme-là davantage, car cela m'échauffe
200 la bile, et vous me donneriez mon mal[2].

BÉRALDE. Je le veux bien, mon frère, et, pour changer de
discours je vous dirai que, sur une petite répugnance que vous
témoigne votre fille[3], vous ne devez point prendre les résolutions violentes de la mettre dans un couvent ; que, pour le
205 choix d'un gendre, il ne vous faut pas suivre aveuglément la
passion qui vous emporte[4], et qu'on doit, sur cette matière,
s'accommoder[5] un peu à l'inclination[6] d'une fille, puisque
c'est pour toute la vie, et que de là dépend tout le bonheur
d'un mariage.

---

1. **Porter** : supporter.
2. **Vous me donneriez mon mal** : vous me rendriez malade.
3. **Sur une petite répugnance (...) fille** : sous prétexte que votre fille vous
résiste quelque peu.
4. **La passion qui vous emporte** : votre obsession de la maladie et de la
médecine.
5. **S'accommoder** : se conformer à.
6. **Inclination** : penchant amoureux.

Repères

• Comment est assuré l'enchaînement entre l'intermède et la scène 1 de l'acte III ? Pourquoi la scène 3 est-elle si développée ?

Observation

• **Un entretien problématique** (scène 3) : « *de ne vous point échauffer l'esprit* » (l. 2-3), « *de répondre sans nulle aigreur* » (l. 5), « *avec un esprit détaché de toute passion* » (l. 9-10). Quel procédé d'insistance Béralde utilise-t-il ici : la synonymie, la parastase ou le pléonasme ? Qu'est-ce qu'une telle insistance laisse sous-entendre sur le comportement habituel d'Argan ? Expliquez le sens de la distinction établie par Béralde (l. 168-169). Cette distinction est-elle comprise par Argan ? Montrez que le constat de Béralde (l. 186) est justifié par la réplique précédente d'Argan.
• **Le portrait de Monsieur Purgon** (scène 3) : « *Votre M. Purgon* [...] *aucune chose.* » (l. 105-114). Quelle particularité grammaticale présente ce passage ? Quel procédé de répétition est utilisé ? Quel type de maîtrise nous révèle la construction même de ce passage ? « *Entendez-les* [...] *tous les hommes* » (l. 152-154). Quel procédé permet cet effet de raccourci ? Quel autre procédé donne à cette formule son impact ? Par quelle qualité Béralde se signale-t-il ?

Interprétations

• **Le « *roman de la médecine* »** : reconstituez le cheminement argumentatif de Béralde. Sur quelle opposition majeure se fonde-t-il pour dénoncer l'imposture des médecins ? Quelle autre opposition lui permet de disqualifier la science médicale ? Discussion : élaborez une contre-argumentation.
• **Molière vu par Molière** : quels sont les rôles respectifs de Béralde et d'Argan dans l'échange sur les comédies de Molière ? Quel est celui qui vous paraît le plus convaincant ? Pourquoi ? Argan est-il bon ou mauvais spectateur de comédie ? Pourquoi ? Quelles étaient, d'après cet échange, les critiques formulées à l'encontre du théâtre de Molière ?

Scène 4. Monsieur Fleurant, *une seringue*[1] *à la main*, Argan, Béralde.

Argan. Ah ! mon frère, avec votre permission.

Béralde. Comment ! que voulez-vous faire ?

Argan. Prendre ce petit lavement-là, ce sera bientôt fait.

Béralde. Vous vous moquez. Est-ce que vous ne sauriez
5 être un moment sans lavement ou sans médecine ? Remettez
cela à une autre fois, et demeurez un peu en repos.

Argan. Monsieur Fleurant, à ce soir ou à demain au matin.

Monsieur Fleurant, *à Béralde*. De quoi vous mêlez-vous
de vous opposer aux ordonnances de la médecine et d'em-
10 pêcher monsieur de prendre mon clystère[2] ? Vous êtes bien
plaisant[3] d'avoir cette hardiesse-là !

Béralde. Allez, monsieur ; on voit bien que vous n'avez pas
accoutumé de parler à des visages.

Monsieur Fleurant. On ne doit point ainsi se jouer des[4]
15 remèdes et me faire perdre mon temps. Je ne suis venu ici
que sur une bonne[5] ordonnance, et je vais dire à monsieur
Purgon comme[6] on m'a empêché d'exécuter ses ordres et de
faire ma fonction. Vous verrez, vous verrez...

Argan. Mon frère, vous serez cause[7] ici de quelque
20 malheur.

---

1. **Une seringue** : c'est-à-dire une seringue à lavement.
2. **Clystère** : lavement.
3. **Plaisant** : qui fait rire à ses dépens (emploi ironique).
4. **Se jouer de** : tourner en dérision.
5. **Bonne** : conforme à l'art de la médecine.
6. **Comme** : comment.
7. **Vous serez cause** : vous allez vous rendre responsable.

BÉRALDE. Le grand malheur de ne pas prendre un lavement que monsieur Purgon a ordonné ! Encore un coup[1], mon frère, est-il possible qu'il n'y ait pas moyen de vous guérir de la maladie des médecins, et que vous vouliez être toute votre
25 vie enseveli dans[2] leurs remèdes ?

ARGAN. Mon Dieu, mon frère, vous en parlez comme un homme qui se porte bien ; mais, si vous étiez à ma place, vous changeriez bien de langage. Il est aisé de parler contre la médecine quand on est en pleine santé.

30 BÉRALDE. Mais quel mal avez-vous ?

ARGAN. Vous me feriez enrager. Je voudrais que vous l'eussiez, mon mal, pour voir si vous jaseriez tant. Ah ! voici monsieur Purgon.

SCÈNE 5. MONSIEUR PURGON, ARGAN, BÉRALDE, TOINETTE.

MONSIEUR PURGON. Je viens d'apprendre là-bas, à la porte, de jolies nouvelles : qu'on se moque ici de mes ordonnances, et qu'on a fait refus de prendre le remède que j'avais prescrit.

ARGAN. Monsieur, ce n'est pas...

5 MONSIEUR PURGON. Voilà une hardiesse bien grande, une étrange rébellion d'un malade contre son médecin.

TOINETTE. Cela est épouvantable.

MONSIEUR PURGON. Un clystère que j'avais pris plaisir à composer moi-même.

---

1. **Encore un coup :** encore une fois.
2. **Enseveli dans :** englouti sous l'amoncellement de leurs remèdes.

10 ARGAN. Ce n'est pas moi.

MONSIEUR PURGON. Inventé et formé dans toutes les règles de l'art[1].

TOINETTE. Il a tort.

MONSIEUR PURGON. Et qui devait faire dans les entrailles
15 un effet merveilleux.

ARGAN. Mon frère...

MONSIEUR PURGON. Le renvoyer avec mépris !

ARGAN. C'est lui...

MONSIEUR PURGON. C'est une action exorbitante[2].

20 TOINETTE. Cela est vrai.

MONSIEUR PURGON. Un attentat énorme contre la
médecine.

ARGAN. Il est cause...

MONSIEUR PURGON. Un crime de lèse-Faculté[3] qui ne se
25 peut assez punir.

TOINETTE. Vous avez raison.

MONSIEUR PURGON. Je vous déclare que je romps
commerce[4] avec vous.

ARGAN. C'est mon frère...

---

1. **Inventé et formé dans toutes les règles de l'art** : conçu et préparé selon les préceptes de la Faculté (de médecine).
2. **Exorbitante** : intolérable (étym. : « qui s'écarte de la voie tracée, donc de la norme »).
3. **Un crime de lèse-Faculté** : calquée sur *crime de lèse-majesté*, cette expression signifie atteinte à la grandeur, à la majesté de la Faculté.
4. **Commerce** : toute fréquentation.

30 MONSIEUR PURGON. Que je ne veux plus d'alliance avec vous[1].

TOINETTE. Vous ferez bien.

MONSIEUR PURGON. Et que, pour finir toute liaison avec vous, voilà la donation que je faisais à mon neveu en faveur
35 du mariage. *(Il déchire violemment la donation.)*

ARGAN. C'est mon frère qui a fait tout le mal.

MONSIEUR PURGON. Mépriser mon clystère !

ARGAN. Faites-le venir, je m'en vais le prendre.

MONSIEUR PURGON. Je vous aurais tiré d'affaire avant qu'il
40 fût peu.

TOINETTE. Il ne le mérite pas.

MONSIEUR PURGON. J'allais nettoyer votre corps et en évacuer entièrement les mauvaises humeurs[2].

ARGAN. Ah ! mon frère !

45 MONSIEUR PURGON. Et je ne voulais qu'une douzaine de médecines pour vider le fond du sac[3].

TOINETTE. Il est indigne de vos soins.

MONSIEUR PURGON. Mais, puisque vous n'avez pas voulu guérir par mes mains...

50 ARGAN. Ce n'est pas ma faute.

---

1. **Je ne veux plus d'alliance avec vous :** je renonce à être votre parent (grâce au mariage d'Angélique et de Thomas Diafoirus).
2. **Mauvaises humeurs :** les écoulements organiques corrompus.
3. **Vider le fond du sac :** soulager définitivement vos intestins au moyen de lavements.

MONSIEUR PURGON. Puisque vous vous êtes soustrait de l'obéissance que l'on doit à son médecin...

TOINETTE. Cela crie vengeance.

MONSIEUR PURGON. Puisque vous vous êtes déclaré rebelle
55 aux remèdes que je vous ordonnais...

ARGAN. Hé ! point du tout.

MONSIEUR PURGON. J'ai à vous dire que je vous abandonne à votre mauvaise constitution, à l'intempérie[1] de vos entrailles, à la corruption[2] de votre sang, à l'âcreté de votre
60 bile et à la féculence[3] de vos humeurs.

TOINETTE. C'est fort bien fait.

ARGAN. Mon Dieu !

MONSIEUR PURGON. Et je veux qu'avant qu'il soit quatre jours vous deveniez dans un état incurable.

65 ARGAN. Ah ! miséricorde !

MONSIEUR PURGON. Que vous tombiez dans la bradypepsie[4].

ARGAN. Monsieur Purgon !

MONSIEUR PURGON. De la bradypepsie dans la dyspepsie[5].

70 ARGAN. Monsieur Purgon !

MONSIEUR PURGON. De la dyspepsie dans l'apepsie[6].

ARGAN. Monsieur Purgon !

---

1. **Intempérie :** dérèglement dans la circulation des humeurs.
2. **Corruption :** pourrissement.
3. **Féculence :** impureté.
4. **Bradypepsie :** digestion lente.
5. **Dyspepsie :** digestion difficile.
6. **Apepsie :** impossibilité de digérer.

MONSIEUR PURGON. De l'apepsie dans la lienterie[1].

ARGAN. Monsieur Purgon !

75 MONSIEUR PURGON. De la lienterie dans la dysenterie[2].

ARGAN. Monsieur Purgon !

MONSIEUR PURGON. De la dysenterie dans l'hydropisie[3].

ARGAN. Monsieur Purgon !

MONSIEUR PURGON. Et de l'hydropisie dans la privation de
80 la vie, où vous aura conduit votre folie.

SCÈNE 6. ARGAN, BÉRALDE.

ARGAN. Ah ! mon Dieu, je suis mort. Mon frère, vous
m'avez perdu.

BÉRALDE. Quoi ? qu'y a-t-il ?

ARGAN. Je n'en puis plus. Je sens déjà que la médecine se
5 venge.

BÉRALDE. Ma foi, mon frère, vous êtes fou, et je ne voudrais
pas, pour beaucoup de choses, qu'on vous vît faire ce que
vous faites. Tâtez-vous[4] un peu, je vous prie ; revenez à vous-
même et ne donnez point tant à[5] votre imagination.

10 ARGAN. Vous voyez, mon frère, les étranges maladies dont
il m'a menacé.

---

1. **Lienterie** : diarrhée.
2. **Dysenterie** : diarrhée de nature infectieuse, aux conséquences très graves.
3. **Hydropisie** : forte concentration d'eau dans les intestins qui présente un
risque médical très élevé.
4. **Tâtez-vous** : examinez-vous.
5. **Ne donnez point tant à** : freinez votre imagination.

BÉRALDE. Le simple[1] homme que vous êtes !

ARGAN. Il dit que je deviendrai incurable avant qu'il soit quatre jours.

15 BÉRALDE. Et ce qu'il dit, que fait-il à la chose[2] ? Est-ce un oracle[3] qui a parlé ? Il semble, à vous entendre, que monsieur Purgon tienne dans ses mains le filet[4] de vos jours, et que, d'autorité suprême, il vous l'allonge et vous le raccourcisse comme il lui plaît. Songez que les principes de votre vie 20 sont en vous-même, et que le courroux de monsieur Purgon est aussi peu capable de vous faire mourir que ses remèdes de vous faire vivre. Voici une aventure, si vous voulez, à vous défaire des médecins ; ou, si vous êtes né à ne pouvoir vous en passer, il est aisé d'en avoir un autre avec lequel, mon 25 frère, vous puissiez courir un peu moins de risque.

ARGAN. Ah ! mon frère, il sait tout mon tempérament[5] et la manière dont il faut me gouverner[6].

BÉRALDE. Il faut vous avouer que vous êtes un homme d'une grande prévention[7], et que vous voyez les choses avec 30 d'étranges yeux.

---

1. **Simple :** naïf, crédule.
2. **Et ce qu'il dit, que fait-il à la chose ? :** en quoi ses paroles ont-elles une incidence concrète (sur votre santé) ?
3. **Oracle :** un interprète de la volonté des dieux, ayant la connaissance suprême.
4. **Le filet :** le fil de vos jours. Dans la mythologie, les trois Parques dévidaient puis coupaient le fil de la vie humaine.
5. **Il sait tout mon tempérament :** il connaît parfaitement ma constitution physique.
6. **Gouverner :** soigner.
7. **D'une grande prévention :** rempli de préjugés, d'idées préconçues.

REPÈRES

• Quels nouveaux personnages apparaissent aux scènes 4 et 5 ? Ces deux scènes prolongent-elles la précédente de façon cohérente ?

OBSERVATION

• **M. Purgon et son indignation grandiloquente** (scène 4) : en quoi le langage de M. Fleurant anticipe-t-il celui de M. Purgon ?
• Scène 5 : relevez dans un tableau les procédés de la grandiloquence et de la dramatisation (gradation, anaphores, expressions superlatives ou hyperboliques, homéotéleutes).
• Retrouvons-nous dans cette apparition le personnage décrit par Béralde à la scène précédente ?
• **Les autres personnages** : quelle est la fonction des interventions de Toinette ?
• Que traduisent les points de suspension dans les premières répliques d'Argan ?
• L. 65 à la fin : quel type de comique domine ce passage ?
• À votre avis, comment se comporte Béralde dans cette scène ?

INTERPRÉTATIONS

• « *Le ridicule de la médecine* » : en quoi cette scène est-elle une illustration de ce que Béralde dénonçait dans la scène précédente ?
• « *La maladie des médecins* » : quel comportement adopte Argan dans ces deux scènes ? Quelle est sa relation avec l'autorité médicale ? Montrez qu'il est en fait partagé entre deux autorités, Béralde et Purgon. En quoi ces deux autorités sont-elles contradictoires ?
• **Béralde** : montrez qu'il est complice de Toinette.
• Quel rôle joue-t-il auprès d'Argan ?
• En quoi peut-on dire qu'il est aussi un relais du spectateur ?
• **Mise en scène** : rédigez des didascalies qui indiquent la gestuelle de M. Purgon dans la scène 5.

Scène 7. Toinette, Argan, Béralde.

TOINETTE. Monsieur, voilà un médecin qui demande à vous voir.

ARGAN. Et quel médecin ?

TOINETTE. Un médecin de la médecine.

5 ARGAN. Je te demande qui il est.

TOINETTE. Je ne le connais pas ; mais il me ressemble comme deux gouttes d'eau, et, si je n'étais sûre que ma mère était honnête femme, je dirais que ce serait quelque petit frère qu'elle m'aurait donné depuis le trépas de mon père.

10 ARGAN. Fais-le venir.

BÉRALDE. Vous êtes servi à souhait. Un médecin vous quitte, un autre se présente.

ARGAN. J'ai bien peur que vous ne soyez cause de[1] quelque malheur.

15 BÉRALDE. Encore ! Vous en revenez toujours là.

ARGAN. Voyez-vous, j'ai sur le cœur toutes ces maladies-là que je ne connais point, ces...

Scène 8. Toinette, *en médecin,* Argan, Béralde.

TOINETTE. Monsieur, agréez[2] que je vienne vous rendre visite et vous offrir mes petits services pour toutes les saignées et les purgations dont vous aurez besoin.

---

1. **Vous ne soyez cause de :** vous ne soyez la cause de.
2. **Agréez :** permettez que je vienne vous rendre visite.

ARGAN. Monsieur, je vous suis fort obligé. Par ma foi, voilà
5 Toinette elle-même.

TOINETTE. Monsieur, je vous prie de m'excuser, j'ai oublié
de donner une commission à mon valet, je reviens tout à
l'heure[1].

ARGAN. Eh ! ne diriez-vous pas que c'est effectivement
10 Toinette ?

BÉRALDE. Il est vrai que la ressemblance est tout à fait
grande ; mais ce n'est pas la première fois qu'on a vu de ces
sortes de choses, et les histoires ne sont pleines que de ces
jeux de la nature.

15 ARGAN. Pour moi, j'en suis surpris, et...

SCÈNE 9. TOINETTE, ARGAN, BÉRALDE.

TOINETTE *quitte son habit de médecin si promptement qu'il
est difficile de croire que ce soit elle qui a paru en médecin.*
Que voulez-vous, monsieur ?

ARGAN. Comment ?

TOINETTE. Ne m'avez-vous pas appelée ?

ARGAN. Moi ? non.

5 TOINETTE. Il faut donc que les oreilles m'aient corné[2].

ARGAN. Demeure un peu ici pour voir comme ce médecin
te ressemble.

----

1. **Tout à l'heure :** dans un instant.
2. **M'aient corné :** aient sifflé.

TOINETTE, *en sortant, dit.* Oui, vraiment ! J'ai affaire là-bas, et je l'ai assez vu.

10 ARGAN. Si je ne les voyais tous deux, je croirais que ce n'est qu'un.

BÉRALDE. J'ai lu des choses surprenantes de[1] ces sortes de ressemblance, et nous en avons vu, de notre temps, où tout le monde s'est trompé.

15 ARGAN. Pour moi, j'aurais été trompé à celle-là[2], et j'aurais juré que c'est la même personne.

---

1. De : à propos de.
2. À celle-là : par celle-là.

SCÈNE 10. TOINETTE, *en médecin*, ARGAN, BÉRALDE.

TOINETTE. Monsieur, je vous demande pardon de tout mon cœur.

ARGAN. Cela est admirable[1] !

TOINETTE. Vous ne trouverez pas mauvais[2], s'il vous plaît,
5 la curiosité que j'ai eue de voir un illustre malade comme vous êtes, et votre réputation, qui s'étend partout, peut excuser la liberté que j'ai prise.

ARGAN. Monsieur, je suis votre serviteur.

TOINETTE. Je vois, monsieur, que vous me regardez fixe-
10 ment. Quel âge croyez-vous bien que j'aie ?

ARGAN. Je crois que tout au plus vous pouvez avoir vingt-six ou vingt-sept ans...

TOINETTE. Ah ! ah ! ah ! ah ! ah ! J'en ai quatre-vingt-dix.

ARGAN. Quatre-vingt-dix ?

15 TOINETTE. Oui. Vous voyez un effet des secrets de mon art, de me conserver ainsi frais et vigoureux.

ARGAN. Par ma foi, voilà un beau jeune vieillard pour quatre-vingt-dix ans.

TOINETTE. Je suis médecin passager[3], qui vais de ville en
20 ville, de province en province, de royaume en royaume, pour

---

1. **Admirable :** surprenant (Argan parle de la ressemblance frappante du médecin avec Toinette).
2. **Vous ne trouverez pas mauvais :** vous ne verrez aucun mal à la curiosité.
3. **Passager :** itinérant.

chercher d'illustres matières à ma capacité[1], pour trouver des malades dignes de m'occuper, capables d'exercer les grands et beaux secrets que j'ai trouvés dans la médecine. Je dédaigne de m'amuser à ce menu fatras[2] de maladies ordi-
25 naires, à ces bagatelles de rhumatismes et de défluxions[3], à ces fiévrottes[4], à ces vapeurs[5] et à ces migraines. Je veux des maladies d'importance, de bonnes fièvres continues, avec des transports au cerveau[6], de bonnes fièvres pourprées[7], de bonnes pestes, de bonnes hydropisies[8] formées[9], de bonnes
30 pleurésies[10], avec des inflammations de poitrine : c'est là que je me plais, c'est là que je triomphe ; et je voudrais, monsieur, que vous eussiez toutes les maladies que je viens de dire, que vous fussiez abandonné de tous les médecins, désespéré, à l'agonie, pour vous montrer l'excellence de mes remèdes, et
35 l'envie que j'aurais de vous rendre service.

ARGAN. Je vous suis obligé, monsieur, des bontés que vous avez pour moi.

TOINETTE. Donnez-moi votre pouls. Allons donc, que l'on batte comme il faut. Ah ! je vous ferai bien aller comme vous
40 devez. Ouais ! ce pouls-là fait l'impertinent ; je vois bien que vous ne me connaissez pas encore. Qui est votre médecin ?

ARGAN. Monsieur Purgon.

---

1. **D'illustres matières à ma capacité** : des patients souffrant de maladies remarquables, qui soient à la hauteur de mes compétences.
2. **Fatras** : amas confus.
3. **Défluxions** : abondance de liquides dans certaines parties du corps.
4. **Fiévrottes** : petites fièvres.
5. **Vapeurs** : étourdissements, malaises.
6. **Transports au cerveau** : délires.
7. **Fièvres pourprées** : fièvres qui se manifestent par une prolifération de taches ou de boutons rouges (rubéole, rougeole, scarlatine).
8. Voir note 3 p. 161.
9. **Formées** : totalement développées.
10. **Pleurésie** : inflammation de la plèvre (membrane située entre la cage thoracique et les poumons).

TOINETTE. Cet homme-là n'est point écrit sur mes tablettes entre les grands médecins[1]. De quoi dit-il que vous êtes
45 malade ?

ARGAN. Il dit que c'est du foie, et d'autres disent que c'est de la rate.

TOINETTE. Ce sont tous des ignorants. C'est du poumon que vous êtes malade.

50 ARGAN. Du poumon ?

TOINETTE. Oui. Que sentez-vous ?

ARGAN. Je sens de temps en temps des douleurs de tête.

TOINETTE. Justement, le poumon.

ARGAN. Il me semble parfois que j'ai un voile devant les
55 yeux.

TOINETTE. Le poumon.

ARGAN. J'ai quelquefois des maux de cœur.

TOINETTE. Le poumon.

ARGAN. Je sens parfois des lassitudes par[2] tous les
60 membres.

TOINETTE. Le poumon.

ARGAN. Et quelquefois il me prend des douleurs dans le ventre, comme si c'étaient des coliques.

TOINETTE. Le poumon. Vous avez appétit à[3] ce que vous
65 mangez ?

---

1. **N'est point écrit sur mes tablettes entre les grands médecins :** n'est pas inscrit sur mon répertoire des grands médecins.
2. **Par :** qui traversent tous les membres.
3. **Vous avez appétit à :** pour.

ARGAN. Oui, monsieur.

TOINETTE. Le poumon. Vous aimez à boire un peu de vin ?

ARGAN. Oui, monsieur.

TOINETTE. Le poumon. Il vous prend un petit sommeil après
70 le repas, et vous êtes bien aise de dormir ?

ARGAN. Oui, monsieur.

TOINETTE. Le poumon, le poumon, vous dis-je. Que vous
ordonne votre médecin pour votre nourriture ?

ARGAN. Il m'ordonne du potage.

75 TOINETTE. Ignorant !

ARGAN. De la volaille.

TOINETTE. Ignorant !

ARGAN. Du veau.

TOINETTE. Ignorant !

80 ARGAN. Des bouillons.

TOINETTE. Ignorant !

ARGAN. Des œufs frais.

TOINETTE. Ignorant !

ARGAN. Et, le soir, de petits pruneaux pour lâcher[1] le
85 ventre.

TOINETTE. Ignorant !

ARGAN. Et surtout de boire mon vin fort trempé[2].

---

1. **Lâcher** : relâcher, soulager (le pruneau est réputé pour ses vertus laxatives).
2. **Trempé** : mélangé avec de d'eau.

TOINETTE. *Ignorantus, ignoranta, ignorantum*[1] ! Il faut boire votre vin pur ; et, pour épaissir votre sang, qui est trop
90 subtil[2], il faut manger de[3] bon gros bœuf, de bon gros porc, de bon fromage de Hollande, du gruau[4] et du riz, et des marrons et des oublies[5], pour coller et conglutiner[6]. Votre médecin est une bête. Je veux vous en envoyer un de ma main[7], et je viendrai vous voir de temps en temps, tandis
95 que[8] je serai en cette ville.

ARGAN. Vous m'obligerez beaucoup.

TOINETTE. Que diantre[9] faites-vous de ce bras-là ?

ARGAN. Comment ?

TOINETTE. Voilà un bras que je me ferais couper tout à
100 l'heure[10], si j'étais que de vous[11].

ARGAN. Et pourquoi ?

TOINETTE. Ne voyez-vous pas qu'il tire à soi toute la nourriture, et qu'il empêche ce côté-là de profiter ?

ARGAN. Oui, mais j'ai besoin de mon bras.

105 TOINETTE. Vous avez là aussi un œil droit que je me ferais crever, si j'étais en votre place.

ARGAN. Crever un œil ?

---

1. **Ignorantus, ignoranta, ignorantum :** ignorant (jargon universitaire formulé dans un latin parodique).
2. **Subtil :** fluide.
3. **De :** du.
4. **Gruau :** bouillie préparée avec de la farine d'avoine.
5. **Oublies :** pâtisseries.
6. **Conglutiner :** faire joindre entre elles des parties de l'organisme.
7. **De ma main :** formé à ma manière.
8. **Tandis que :** pendant que.
9. **Diantre :** juron. Euphémisme pour diable.
10. **Tout à l'heure :** à l'instant.
11. **Si j'étais que de vous :** si j'étais à votre place.

TOINETTE. Ne voyez-vous pas qu'il incommode[1] l'autre et lui dérobe sa nourriture ? Croyez-moi, faites-vous-le crever 110 au plus tôt, vous en verrez plus clair de l'œil gauche.

ARGAN. Cela n'est pas pressé.

TOINETTE. Adieu. Je suis fâché de vous quitter si tôt, mais il faut que je me trouve à une grande consultation qui se doit faire pour un homme qui mourut hier.

115 ARGAN. Pour un homme qui mourut hier ?

TOINETTE. Oui, pour aviser[2] et voir ce qu'il aurait fallu lui faire pour le guérir. Jusqu'au revoir.

ARGAN. Vous savez que les malades ne reconduisent point[3].

BÉRALDE. Voilà un médecin qui paraît fort habile[4].

120 ARGAN. Oui, mais il va un peu bien vite.

BÉRALDE. Tous les grands médecins sont comme cela.

ARGAN. Me couper un bras, me crever un œil, afin que l'autre se porte mieux ! J'aime bien mieux qu'il ne se porte pas si bien. La belle opération de me rendre borgne et 125 manchot !

---

1. **Incommode :** gêne.
2. **Aviser :** réfléchir.
3. **Ne reconduisent point :** ne reconduisent point leurs hôtes vers la sortie.
4. **Habile :** docte, savant.

REPÈRES

• Comment l'événement de la scène 7 est-il préparé dans la scène précédente ?
• Comment se justifie la scène 9 dans l'ensemble des quatre scènes ?

OBSERVATION

• **Le stratagème du déguisement** (scène 9) : pourquoi la didascalie mentionne-t-elle « *si promptement* » ? Quel effet a ce brusque changement sur Argan ?
• Pourquoi le faux médecin valorise-t-il la maladie d'Argan ?
• Relevez les différences entre le langage de la servante et celui du médecin.
• Quel rôle jouent les interventions de Béralde aux scènes 8 et 9 ? Quelles sources invoque-t-il pour étayer ses dires ?
• **Une parodie de consultation** (scène 10) : n'y a-t-il pas un paradoxe dans la manière dont ce médecin parle des maladies ? Que pensez-vous de la présence de la peste au milieu des autres maladies ? Qu'est-ce au fond qu'une maladie pour ce médecin ? Comment interprétez-vous la réplique d'Argan (l. 36-37) ?
• Comparez la manière dont les Diafoirus prennent le pouls et celle de ce médecin. Qu'en pensez-vous ?
• « *Le poumon* » : sur quel procédé comique repose le diagnostic du faux médecin ?
• Que pensez-vous du régime alimentaire recommandé à la fin ?

INTERPRÉTATIONS

• **La satire de la médecine** : en quoi la parodie nous rend-elle sensibles aux absurdités de la médecine authentique ? Y a-t-il une telle différence entre les prescriptions des vrais médecins et du faux ?
• En recommandant à Argan de s'amputer d'un bras ou de s'éborgner, le faux médecin ne met-il pas en application jusqu'à l'absurde un principe dénoncé par Béralde à la scène 3 ? Lequel ?

SCÈNE 11. TOINETTE, ARGAN, BÉRALDE.

TOINETTE. Allons, allons, je suis votre servante[1]. Je n'ai pas envie de rire.

ARGAN. Qu'est-ce que c'est ?

TOINETTE. Votre médecin, ma foi, qui me voulait tâter le 5 pouls[2].

ARGAN. Voyez un peu, à l'âge de quatre-vingt-dix ans !

BÉRALDE. Oh çà, mon frère, puisque voilà votre monsieur Purgon brouillé avec vous, ne voulez-vous pas bien que je vous parle du parti qui s'offre pour ma nièce ?

10 ARGAN. Non, mon frère, je veux la mettre dans un couvent, puisqu'elle s'est opposée à mes volontés. Je vois bien qu'il y a quelque amourette là-dessous, et j'ai découvert certaine entrevue secrète qu'on ne sait pas que j'ai découverte.

BÉRALDE. Hé bien ! mon frère, quand il y aurait quelque 15 petite inclination[3], cela serait-il si criminel, et rien[4] peut-il vous offenser, quand tout ne va qu'à des choses honnêtes comme le mariage ?

ARGAN. Quoi qu'il en soit, mon frère, elle sera religieuse ; c'est une chose résolue.

20 BÉRALDE. Vous voulez faire plaisir à quelqu'un.

ARGAN. Je vous entends[5]. Vous en revenez toujours là, et ma femme vous tient au cœur.

---

1. **Je suis votre servante** : formule de politesse employée ironiquement ici.
2. **Me voulait tâter le pouls** : me tâter, se livrer à des attouchements (jeu de mots grivois).
3. **Inclination** : penchant amoureux.
4. **Rien** : cela.
5. **Entends** : comprends.

BÉRALDE. Hé bien, oui, mon frère, puisqu'il faut parler à cœur ouvert, c'est votre femme que je veux dire ; et non plus
25 que l'entêtement de la médecine, je ne puis vous souffrir l'entêtement où vous êtes pour elle[1], et voir que vous donniez tête baissée dans tous les pièges qu'elle vous tend.

TOINETTE. Ah ! monsieur, ne parlez point de madame ; c'est une femme sur laquelle il n'y a rien à dire, une femme sans
30 artifice[2], et qui aime monsieur, qui l'aime !... On ne peut pas dire cela.

ARGAN. Demandez-lui un peu les caresses qu'elle me fait[3].

TOINETTE. Cela est vrai.

ARGAN. L'inquiétude que lui donne ma maladie.

35 TOINETTE. Assurément.

ARGAN. Et les soins et les peines qu'elle prend autour de moi.

TOINETTE. Il est certain. *(À Béralde.)* Voulez-vous que je vous convainque et vous fasse voir tout à l'heure[4] comme[5]
40 madame aime monsieur ? *(À Argan.)* Monsieur, souffrez que je lui montre son bec jaune[6] et le tire d'erreur.

ARGAN. Comment ?

TOINETTE. Madame s'en va revenir. Mettez-vous tout étendu dans cette chaise, et contrefaites le mort[7]. Vous verrez
45 la douleur où elle sera quand je lui dirai la nouvelle.

---

1. **Et non plus que (...) pour elle :** je ne puis pas davantage supporter votre entêtement pour la médecine que celui que vous avez à son égard.
2. **Sans artifice :** incapable de tromper.
3. **Les caresses qu'elle me fait :** les preuves d'affection qu'elle me prodigue.
4. **Tout à l'heure :** tout de suite.
5. **Comme :** comment.
6. **Je lui montre son bec jaune :** à quel point il est dupé.
7. **Contrefaites le mort :** feignez d'être mort.

ARGAN. Je le veux bien.

TOINETTE. Oui, mais ne la laissez pas longtemps dans le désespoir, car elle en pourrait bien mourir.

ARGAN. Laisse-moi faire.

50 TOINETTE, *à Béralde.* Cachez-vous, vous, dans ce coin-là.

ARGAN. N'y a-t-il point quelque danger à contrefaire le mort ?

TOINETTE. Non, non. Quel danger y aurait-il ? Étendez-vous là seulement. *(Bas.)* Il y aura plaisir à confondre[1] votre

55 frère. Voici madame. Tenez-vous bien.

SCÈNE 12. BÉLINE, TOINETTE, ARGAN, BÉRALDE.

TOINETTE *s'écrie.* Ah ! mon Dieu ! Ah ! malheur ! quel étrange accident !

BÉLINE. Qu'est-ce, Toinette ?

TOINETTE. Ah ! madame !

5 BÉLINE. Qu'y a-t-il ?

TOINETTE. Votre mari est mort.

BÉLINE. Mon mari est mort ?

TOINETTE. Hélas ! oui. Le pauvre défunt est trépassé.

BÉLINE. Assurément ?

---

1. **Confondre** : lui prouver son erreur.

10 TOINETTE. Assurément. Personne ne sait encore cet accident-là[1], et je me suis trouvée ici toute seule. Il vient de passer[2] entre mes bras. Tenez, le voilà tout de son long dans cette chaise.

BÉLINE. Le ciel en soit loué ! Me voilà délivrée d'un grand
15 fardeau. Que tu es sotte, Toinette, de t'affliger de cette mort !

TOINETTE. Je pensais, madame, qu'il fallût pleurer.

BÉLINE. Va, va, cela n'en vaut pas la peine. Quelle perte est-ce que la sienne, et de quoi[3] servait-il sur la terre ? Un homme incommode à[4] tout le monde, malpropre, dégoûtant,
20 sans cesse un lavement ou une médecine dans le ventre, mouchant, toussant, crachant toujours, sans esprit, ennuyeux, de mauvaise humeur, fatiguant sans cesse les gens, et grondant jour et nuit servantes et valets.

TOINETTE. Voilà une belle oraison funèbre[5].

25 BÉLINE. Il faut, Toinette, que tu m'aides à exécuter mon dessein, et tu peux croire qu'en me servant ta récompense est sûre[6]. Puisque, par un bonheur[7], personne n'est encore averti de la chose, portons-le dans son lit, et tenons cette mort cachée jusqu'à ce que j'aie fait mon affaire. Il y a des papiers,
30 il y a de l'argent, dont je me veux saisir, et il n'est pas juste que j'aie passé sans fruit[8] auprès de lui mes plus belles années. Viens, Toinette : prenons auparavant toutes ses clefs.

---

1. **Personne ne sait encore cet accident-là** : nul n'est encore informé de cet événement fortuit.
2. **Passer** : trépasser, mourir.
3. **De quoi** : à quoi.
4. **Incommode à** : qui indisposait.
5. **Oraison funèbre** : discours religieux prononcé lors des funérailles et célébrant les vertus du défunt (emploi ironique ici).
6. **Qu'en me servant ta récompense est sûre** : que les services que tu me rendras seront récompensés.
7. **Par un bonheur** : par bonheur.
8. **Sans fruit** : sans en profiter.

ARGAN, *se levant brusquement.* Doucement.

BÉLINE *surprise et épouvantée.* Aïe !

35 ARGAN. Oui, madame ma femme, c'est ainsi que vous m'aimez ?

TOINETTE. Ah ! ah ! le défunt n'est pas mort.

ARGAN, *à Béline, qui sort.* Je suis bien aise de voir votre amitié[1] et d'avoir entendu le beau panégyrique[2] que vous
40 avez fait de moi. Voilà un avis au lecteur[3] qui me rendra sage à l'avenir, et qui m'empêchera de faire bien des choses.

BÉRALDE *sortant de l'endroit où il s'est caché.* Hé bien, mon frère, vous le voyez.

TOINETTE. Par ma foi, je n'aurais jamais cru cela. Mais
45 j'entends votre fille ; remettez-vous comme vous étiez et voyons de quelle manière elle recevra[4] votre mort. C'est une chose qu'il n'est pas mauvais d'éprouver[5] ; et puisque vous êtes en train[6], vous connaîtrez par là les sentiments que votre famille a pour vous.

---

1. **Amitié** : affection.
2. **Panégyrique** : discours prononcé à la louange d'une personne. Valeur ironique ici : discours malveillant.
3. **Avis au lecteur** : avertissement salutaire.
4. **Recevra** : réagira à la nouvelle de votre mort.
5. **Éprouver** : tester.
6. **En train** : si bien disposé, si bien parti.

Repères

• Comment le thème de la dissimulation est-il prolongé à partir des scènes précédentes (scène 12) ? Pourquoi le subterfuge imaginé par Toinette annonce-t-il le dénouement ?

Observation

• **Raison et déraison** (scène 11). L. 14 : quelle argumentation développe Béralde pour fléchir Argan ? Combien d'arguments figurent dans cette réplique ? Efforcez-vous de les reformuler.
• Quelles expressions manifestent le caractère irrévocable de la décision dans les répliques d'Argan ? « *Elle <u>sera</u> religieuse, c'est une chose <u>résolue</u>* » (l. 18-19). En quoi consiste l'effet de redondance ici ? Quelle est sa fonction ?
• **Le stratagème de Toinette :** par quel procédé Toinette fait-elle comprendre à Béralde sa maladresse ? Pourquoi est-ce une maladresse face à quelqu'un comme Argan ?
• Comment parvient-elle à conditionner psychologiquement Argan ? Montrez que sa connaissance d'Argan lui permet de manœuvrer habilement avec ce dernier.
• Pourquoi est-il important que Béralde ne soit pas visible ? Pourquoi Toinette est-elle sûre que Béline sera prise au piège ?

Interprétations

• **La maladie d'Argan** (scène 11) : « *et non plus que <u>l'entêtement de la médecine</u>, je ne puis vous souffrir <u>l'entêtement où vous êtes pour elle</u>* » (l. 24-26). Quelle portée peut avoir un tel parallèle pour expliquer le mode de comportement d'un personnage comme Argan ?
• La « *belle oraison funèbre* », le « *beau panégyrique* » (scène 12) : montrez que la progression de ce portrait *post mortem* est significative.
• Pourquoi un tel portrait peut-il être à la fois jugé moralement scandaleux et cependant parfaitement exact ? Quelle peut être la position morale du spectateur dans une telle situation ?

Scène 13. Angélique, Argan, Toinette, Béralde.

TOINETTE *s'écrie*. Ô ciel ! ah ! fâcheuse aventure ! malheureuse journée !

ANGÉLIQUE. Qu'as-tu, Toinette, et de quoi pleures-tu ?

TOINETTE. Hélas ! j'ai de tristes nouvelles à vous donner.

5 ANGÉLIQUE. Hé quoi !

TOINETTE. Votre père est mort.

ANGÉLIQUE. Mon père est mort, Toinette ?

TOINETTE. Oui, vous le voyez là. Il vient de mourir tout à l'heure[1] d'une faiblesse qui lui a pris.

10 ANGÉLIQUE. Ô ciel ! quelle infortune ! quelle atteinte[2] cruelle ! Hélas ! faut-il que je perde mon père, la seule chose qui me restait au monde, et qu'encore, pour un surcroît de désespoir, je le perde dans un moment où il était irrité contre moi ! Que deviendrai-je, malheureuse, et quelle consolation 15 trouver après une si grande perte ?

Scène 14. Cléante, Angélique, Argan, Toinette, Béralde.

CLÉANTE. Qu'avez-vous donc, belle Angélique ? et quel malheur pleurez-vous ?

---

1. **Tout à l'heure** : il y a peu.
2. **Atteinte** : coup du destin.

ANGÉLIQUE. Hélas ! je pleure tout ce que dans ma vie je pouvais perdre de plus cher et de plus précieux. Je pleure la
5 mort de mon père.

CLÉANTE. Ô ciel ! quel accident ! quel coup inopiné[1] ! Hélas ! après la demande que j'avais conjuré[2] votre oncle de lui faire pour moi, je venais me présenter à lui et tâcher, par mes respects et par mes prières, de disposer son cœur à vous
10 accorder à mes vœux.

ANGÉLIQUE. Ah ! Cléante, ne parlons plus de rien. Laissons là toutes les pensées du mariage. Après la perte de mon père, je ne veux plus être du monde[3], et j'y renonce pour jamais. Oui, mon père, si j'ai résisté tantôt[4] à vos volontés, je veux
15 suivre du moins une de vos intentions et réparer par là le chagrin que je m'accuse de vous avoir donné. Souffrez, mon père, que je vous en donne ici ma parole, et que je vous embrasse pour vous témoigner mon ressentiment[5].

ARGAN *se lève*. Ah ! ma fille !

20 ANGÉLIQUE *épouvantée*. Aïe !

ARGAN. Viens. N'aie point de peur, je ne suis pas mort. Va, tu es mon vrai sang, ma véritable fille, et je suis ravi d'avoir vu ton bon naturel.

ANGÉLIQUE. Ah ! quelle surprise agréable, mon père !
25 Puisque, par un bonheur extrême, le ciel vous redonne à mes vœux, souffrez qu'ici je me jette à vos pieds pour vous supplier d'une chose. Si vous n'êtes pas favorable au penchant de mon cœur, si vous me refusez Cléante pour époux, je vous

---

1. **Inopiné** : imprévu.
2. **Conjuré** : supplié.
3. **Être du monde** : vivre dans le monde, en société.
4. **Tantôt** : tout à l'heure.
5. **Ressentiment** : à la fois un remords douloureux d'avoir résisté à la volonté d'Argan et un témoignage d'affection.

conjure, au moins, de ne me point forcer d'en épouser un
30 autre. C'est toute la grâce que je vous demande.

CLÉANTE *se jette à genoux*. Eh ! monsieur, laissez-vous
toucher à[1] ses prières et aux miennes, et ne vous montrez
point contraire aux mutuels empressements[2] d'une si
belle inclination.

35 BÉRALDE. Mon frère, pouvez-vous tenir là contre[3] ?

TOINETTE. Monsieur, serez-vous insensible à tant d'amour ?

ARGAN. Qu'il se fasse médecin, je consens au mariage. Oui,
faites-vous médecin, je vous donne ma fille.

CLÉANTE. Très volontiers ; s'il ne tient qu'à cela pour être
40 votre gendre, je me ferai médecin, apothicaire même, si vous
voulez. Ce n'est pas une affaire que cela, et je ferais bien
d'autres choses pour obtenir la belle Angélique.

BÉRALDE. Mais, mon frère, il me vient une pensée. Faites-
vous médecin vous-même. La commodité sera encore plus
45 grande d'avoir en vous tout ce qu'il vous faut.

TOINETTE. Cela est vrai. Voilà le vrai moyen de vous guérir
bientôt[4] ; et il n'y a point de maladie si osée que de se jouer
à[5] la personne d'un médecin.

ARGAN. Je pense, mon frère, que vous vous moquez de moi.
50 Est-ce que je suis en âge d'étudier ?

BÉRALDE. Bon, étudier[6] ! Vous êtes assez savant ; et il y en

---

1. **Toucher à** : par.
2. **Empressements** : témoignages.
3. **Tenir là contre** : être hostile à cette doléance.
4. **Bientôt** : rapidement.
5. **Si osée que de se jouer à** : si téméraire pour s'attaquer à.
6. **Bon, étudier !** : qui vous parle d'étudier ?

a beaucoup parmi eux qui ne sont pas plus habiles[1] que vous.

ARGAN. Mais il faut savoir parler latin, connaître les mala-
55 dies et les remèdes qu'il y faut faire[2].

BÉRALDE. En recevant la robe et le bonnet de médecin, vous apprendrez tout cela, et vous serez après plus habile que vous ne voudrez.

ARGAN. Quoi ! l'on sait discourir sur les maladies quand on
60 a cet habit-là ?

BÉRALDE. Oui. L'on n'a qu'à parler ; avec une robe et un bonnet, tout galimatias[3] devient savant, et toute sottise devient raison.

TOINETTE. Tenez, monsieur, quand il n'y aurait que votre
65 barbe, c'est déjà beaucoup, et la barbe fait plus de la moitié d'un médecin.

CLÉANTE. En tout cas je suis prêt à tout.

BÉRALDE. Voulez-vous que l'affaire se fasse tout à l'heure ?

ARGAN. Comment, tout à l'heure[4] ?

70 BÉRALDE. Oui, et dans votre maison.

ARGAN. Dans ma maison ?

BÉRALDE. Oui. Je connais une Faculté de mes amies qui viendra tout à l'heure en faire la cérémonie dans votre salle. Cela ne vous coûtera rien.

---

1. **Habiles** : savants.
2. **Les remèdes qu'il y faut faire** : les remèdes à administrer pour les combattre.
3. **Galimatias** : discours totalement inintelligible (ici, en raison d'un excès de terminologie savante).
4. **Tout à l'heure** : tout de suite.

75 ARGAN. Mais moi, que dire ? que répondre ?

BÉRALDE. On vous instruira en deux mots, et l'on vous donnera par écrit ce que vous devez dire. Allez-vous-en vous mettre en habit décent, je vais les envoyer quérir[1].

ARGAN. Allons, voyons cela.

80 CLÉANTE. Que voulez-vous dire, et qu'entendez-vous[2] avec cette Faculté de vos amies ?

TOINETTE. Quel est donc votre dessein ?

BÉRALDE. De nous divertir un peu ce soir. Les comédiens ont fait un petit intermède de la réception d'un médecin[3], 85 avec des danses et de la musique ; je veux que nous en prenions ensemble le divertissement, et que mon frère y fasse le premier personnage.

ANGÉLIQUE. Mais, mon oncle, il me semble que vous vous jouez[4] un peu beaucoup de mon père.

90 BÉRALDE. Mais, ma nièce, ce n'est pas tant le jouer que s'accommoder à ses fantaisies[5]. Tout ceci n'est qu'entre nous. Nous y pouvons aussi prendre chacun un personnage, et nous donner ainsi la comédie les uns aux autres. Le carnaval[6] autorise cela. Allons vite préparer toutes choses.

95 CLÉANTE, *à Angélique.* Y consentez-vous ?

ANGÉLIQUE. Oui, puisque mon oncle nous conduit.

---

1. Quérir : chercher.
2. Qu'entendez-vous ? : que faut-il comprendre ?
3. Ont fait un petit intermède de la réception d'un médecin : ont conçu un petit divertissement parodiant la cérémonie au cours de laquelle un candidat reçoit son diplôme de médecin.
4. Vous vous jouez : vous vous moquez.
5. Que s'accommoder à ses fantaisies : que de se conformer à ses extravagances (sur la maladie et les médecins).
6. Le carnaval : l'action de la pièce se déroule pendant la période du carnaval.

Troisième intermède

C'est une cérémonie burlesque d'un homme qu'on fait médecin en récit[1], chant et danse.

ENTRÉE DE BALLET

Plusieurs tapissiers viennent préparer la salle et placer les bancs en cadence. Ensuite de quoi toute l'assemblée, composée de huit porte-seringues, six apothicaires, vingt-deux docteurs, et celui qui se fait recevoir médecin, huit chirurgiens dansants et deux chantants. Chacun entre et prend ses places selon son rang.

*Argan prête serment
(Jean Le Poulain dans sa mise en scène, en 1979).*

---

1. **Récit** : texte parlé avec accompagnement musical.

TEXTE

PRAESES

Savantissimi doctores,
Medicinae professores,
Qui hic assemblati estis,
Et vos altri, messiores,
5 Sententiarum Facultatis
Fideles executores,
Chirurgiani et apothicari,
Atque tota compania aussi,
Salus, honor et argentum,
10 Atque bonum appetitum.

Non possum, docti confreri,
En moi satis admirari
Qualis bona inventio
Est medici professio ;
15 Quam bella chosa est et bene trovata,
Medicina illa benedicta,
Quae, suo nomine solo,
Surprenanti miraculo,
Depuis si longo tempore,
20 Facit à gogo vivere
Tant de gens omni genere.

Per totam terram videmus
Grandam vogam ubi sumus,
Et quod grandes et petiti
25 Sunt de nobis infatuti.
Totus mundus, currens ad nostros remedios,
Nos regardat sicut deos,
Et nostris ordonnanciis
Principes et reges soumissos videtis.

30 Doncque il est nostrae sapientiae,

TRADUCTION

LE PRÉSIDENT

Très savants docteurs,
Professeurs de médecine,
Qui êtes assemblés ici,
Et vous autres, Messieurs,
5 Des sentences de la Faculté
Fidèles exécutants,
Chirurgiens et apothicaires,
Et toute la compagnie aussi,
Salut, honneur et argent,
10 Et bon appétit !

Je ne peux, doctes confrères,
En moi admirer assez
Quelle bonne invention
Est la profession de médecin,
15 Quelle belle chose et bien trouvée,
Que cette médecine bénie,
Qui par son seul nom,
Miracle surprenant,
Depuis si longtemps,
20 Fait vivre à gogo
Tant de gens de toute race.

Par toute la terre nous voyons
La grande vogue où nous sommes,
Et que les grands et les petits
25 Sont de nous infatués.
Le monde entier courant après nos remèdes,
Nous regarde comme des dieux ;
Et à nos ordonnances
Nous voyons soumis princes et rois.

30 Donc il est de notre sagesse,

Boni sensus atque prudentiae,
De fortement travaillare
A nos bene conservare
In tali credito, voga et honore,
35 Et prendere gardam à non recevere
In nostro docto corpore
Quam personas capabiles,
Et totas dignas remplire
Has plaças honorabiles.

40 C'est pour cela que nunc convocati estis,
Et credo quod trovabitis
Dignam materiam medici
In savanti homine que voici,
Lequel, in chosis omnibus,
45 Dono ad interrogandum
Et à fond examinandum
Vostris capacitatibus.

PRIMUS DOCTOR

Si mihi licentiam dat dominus praeses,
Et tanti docti doctores,
50 Et assistantes illustres,
Très savanti bacheliero,
Quem estimo et honoro,
Domandabo causam et rationem quare
Opium facit dormire.

BACHELIERUS

55 Mihi a docto doctore
Domandatur causam et rationem quare
Opium facit dormire.
A quoi respondeo
Quia est in eo
60 Virtus dormitiva,
Cujus est natura
Sensus assoupire.

De notre bon sens et prudence,
De travailler fortement
À nous bien conserver
En tels crédit, vogue et honneur,
35 Et de prendre garde à ne recevoir
Dans notre docte corporation
Que des personnes capables,
Et entièrement dignes de remplir
Ces places honorables.

40 C'est pour cela qu'à présent vous avez été convoqués ;
Et je crois que vous trouverez
Une digne matière de médecin
Dans le savant homme que voici,
Lequel en toutes choses
45 Je vous donne à interroger
Et examiner à fond
Par vos capacités.

PREMIER DOCTEUR

Si permission m'est donnée par le Seigneur Président,
Et par tant de doctes docteurs,
50 Et par les illustres assistants,
Au très savant bachelier,
Que j'estime et honore,
Je demanderai la cause et la raison pour lesquelles
L'opium fait dormir.

LE BACHELIER

55 Le docte docteur me demande
La cause et la raison pour lesquelles
L'opium fait dormir.
À quoi je réponds :
Parce qu'il est en lui
60 Une vertu dormitive,
Dont la nature
Est d'endormir les sens.

CHORUS

Bene, bene, bene, bene respondere :
Dignus, dignus est intrare
65 In nostro docto corpore.
Bene, bene respondere.

SECUNDUS DOCTOR

Cum permissione domini praesidis,
Doctissimae Facultatis,
Et totius his nostris actis
70 Companiae assistantis,
Domandabo tibi, docte bacheliere,
Quae sunt remedia,
Quae in maladia
Dite hydropisia
75 Convenit facere.

BACHELIERUS

Clysterium donare,
Postea seignare,
Ensuita purgare.

CHORUS

Bene, bene, bene, bene respondere :
80 Dignus, dignus est intrare
In nostro docto corpore.

TERTIUS DOCTOR

Si bonum semblatur domino praesidi,
Doctissimae Facultati
Et companiae praesenti,
85 Domandabo tibi, docte bacheliere,
Quae remedia eticis,
Pulmonicis atque asmaticis,
Trovas à propos facere.

BACHELIERUS

Clysterium donare,
90 Postea seignare,

LE CHŒUR

Bien, bien, bien, bien répondu.
Digne, il est digne d'entrer
65 Dans notre docte corporation.
Bien, bien répondu.

SECOND DOCTEUR

Avec la permission du Seigneur Président,
De la très docte Faculté,
Et de toute la compagnie
70 Témoin de nos actes,
Je te demanderai, docte bachelier,
Quels sont les remèdes,
Que, dans la maladie
Appelée hydropisie,
75 Il convient d'appliquer.

LE BACHELIER

Clystère donner,
Puis saigner,
Ensuite purger.

LE CHŒUR

Bien, bien, bien, bien répondu.
80 Digne, il est digne d'entrer
Dans notre docte corporation.

TROISIÈME DOCTEUR

S'il semble bon au Seigneur Président,
À la très docte Faculté,
Et à la compagnie présente,
85 Je te demanderai, docte bachelier,
Quels remèdes aux étiques,
Aux poumoniques, et aux asthmatiques
Tu trouves à propos de donner.

LE BACHELIER

Clystère donner,
90 Puis saigner,

Ensuita purgare.

CHORUS

Bene, bene, bene, bene respondere :
Dignus, dignus est intrare
In nostro docto corpore.

QUARTUS DOCTOR

95 Super illas maladias,
Doctus bachelierus dixit maravillas,
Mais, si non ennuyo dominum praesidem,
Doctissimam Facultatem,
Et totam honorabilem
100 Companiam ecoutantem,
Faciam illi unam questionem :
De hiero maladus unus
Tombavit in meas manus ;
Habet grandam fievram cum redoublamentis,
105 Grandam dolorem capitis,
Et grandum malum au côté,
Cum granda difficultate
Et pena de respirare.
Veillas mihi dire,
110 Docte bacheliere,
Quid illi facere ?

BACHELIERUS

Clysterium donare,
Postea seignare,
Ensuita purgare.

QUINTUS DOCTOR

115 Mais si maladia,
Opiniatria,
Non vult se garire,
Quid illi facere ?

BACHELIERUS

Clysterium donare,

Ensuite purger.

LE CHŒUR

Bien, bien, bien, bien répondu.
Digne, il est digne d'entrer
Dans notre docte corporation.

QUATRIÈME DOCTEUR

95 Sur toutes ces maladies
Le docte bachelier a dit des merveilles ;
Mais, si je n'ennuie pas le Seigneur Président,
La très docte Faculté,
Et toute l'honorable
100 Compagnie qui écoute,
Je lui ferai une seule question.
Hier un malade
Tomba dans mes mains ;
Il avait une grande fièvre avec des redoublements,
105 Une grande douleur de tête,
Et un grand mal au côté,
Avec une grande difficulté
Et peine à respirer :
Veux-tu me dire,
110 Docte bachelier,
Ce qu'il lui faut faire ?

LE BACHELIER

Clystère donner,
Puis saigner,
Ensuite purger.

CINQUIÈME DOCTEUR

115 Mais si la maladie
Opiniâtre
Ne veut pas guérir,
Que lui faire ?

LE BACHELIER

Clystère donner,

120 Postea seignare,
    Ensuita purgare,
    Reseignare, repurgare et reclysterisare.

CHORUS

Bene, bene, bene, bene respondere :
Dignus, dignus est intrare
125 In nostro docto corpore.

PRAESES

Juras gardare statuta
Per Facultatem praescripta,
Cum sensu et jugeamento ?

BACHELIERUS

Juro.

PRAESES

130 Essere in omnibus
    Consultationibus
    Ancieni aviso,
    Aut bono,
    Aut mauvaiso ?

BACHELIERUS

135 Juro.

PRAESES

De non jamais te servire
De remediis aucunis,
Quam de ceux seulement doctae Facultatis ;
Maladus dût-il crevare
140 Et mori de suo malo ?

BACHELIERUS

Juro.

PRAESES

Ego, cum isto boneto
Venerabili et docto,
Dono tibi et concedo

120 Puis saigner,
Ensuite purger,
Resaigner, repurger et clystère redonner.

LE CHŒUR

Bien, bien, bien, bien répondu
Digne, il est digne d'entrer
125 Dans notre docte corporation.

LE PRÉSIDENT

Tu jures d'observer les statuts
Prescrits par la Faculté
Avec sens et jugement ?

LE BACHELIER

Je jure.

LE PRÉSIDENT

130 D'être dans toutes
Les consultations,
De l'avis des anciens,
Qu'il soit bon,
Ou mauvais ?

LE BACHELIER

135 Je jure.

LE PRÉSIDENT

De ne jamais te servir
D'aucuns remèdes
Que de ceux seulement de la docte Faculté,
Le malade dût-il crever
140 Et mourir de son mal ?

LE BACHELIER

Je jure.

LE PRÉSIDENT

Moi, avec ce bonnet
Vénérable et docte,
Je te donne et t'accorde

145 Virtutem et puissanciam
Medicandi,
Purgandi,
Seignandi,
Perçandi,
150 Taillandi,
Coupandi,
Et occidendi
Impune per totam terram.

ENTRÉE DE BALLET

*Tous les chirurgiens et apothicaires viennent lui faire la
révérence en cadence.*

BACHELIERUS

Grandes doctores doctrinae,
De la rhubarbe et du séné,
Ce serait sans douta à moi chosa folla,
Inepta et ridicula,
5 Si j'alloibam m'engageare
Vobis louangeas donare,
Et entreprenoibam adjoutare
Des lumieras au soleillo,
Et des etoilas au cielo,
10 Des ondas à l'Oceano,
Et des rosas au printanno ;
Agreate qu'avec uno moto,
Pro toto remercimento,
Rendam gratiam corpori tam docto.
15 Vobis, vobis debeo
Bien plus qu'à naturae et qu'à patri meo :
Natura et pater meus
Hominem me habent factum ;
Mais vos me, ce qui est bien plus,
20 Avetis factum medicum.

145 La vertu et la puissance
De médiciner,
De purger,
De saigner,
De percer,
150 De tailler,
De couper,
Et de tuer
Impunément par toute la terre.

TRADUCTION

LE BACHELIER

Grands docteurs de la doctrine,
De la rhubarbe et du séné,
Ce serait sans doute à moi chose folle,
Inepte et ridicule,
5 Si j'allais m'engager
À vous donner des louanges,
Et si j'entreprenais d'ajouter
Des lumières au soleil,
Et des étoiles au ciel,
10 Des ondes à l'Océan,
Et des roses au printemps.
Agréez que d'un seul mouvement,
Pour tout remerciement,
Je rende grâce à une corporation si docte.
15 C'est à vous, à vous que je dois reconnaissance
Bien plus qu'à la nature et à mon père :
La nature et mon père
M'ont fait homme ;
Mais vous, ce qui est bien plus,
20 M'avez fait médecin.

Honor, favor, et gratia,
Qui, in hoc corde que voilà,
Imprimant ressentimenta
Qui dureront in secula.

Chorus

25 Vivat, vivat, vivat, vivat, cent fois vivat,
Novus doctor, qui tam bene parlat !
Mille, mille annis, et manget, et bibat,
Et seignet, et tuat !

ENTRÉE DE BALLET

Tous les chirurgiens et les apothicaires dansent au son des instruments et des voix, et des battements de mains, et des mortiers d'apothicaires.

Chirurgus

Puisse-t-il voir doctas
Suas ordonnancias
Omnium chirurgorum
Et apothiquarum
5 Remplire boutiquas !

Chorus

Vivat, vivat, vivat, vivat, cent fois vivat,
Novus doctor, qui tam bene parlat !
Mille, mille annis, et manget, et bibat,
Et seignet, et tuat !

Chirurgus

10 Puissent toti anni
Lui essere boni
Et favorabiles,
Et n'habere jamais
Quam pestas, verolas,
15 Fievras, pluresias,
Fluxus de sang et dyssenterias !

Honneur, faveur, et grâce,
Qui, dans le cœur que voilà,
Impriment des sentiments
Qui dureront dans les siècles.

LE CHŒUR

25 Qu'il vive, qu'il vive, qu'il vive, qu'il vive, cent fois qu'il vive,
Le nouveau docteur, qui parle si bien !
Pendant mille et mille ans, qu'il mange et qu'il boive,
Qu'il saigne et qu'il tue !

TRADUCTION

CHIRURGIEN

Puisse-t-il voir ses doctes
Ordonnances
De tous les chirurgiens
Et apothicaires
5 Remplir les officines !

LE CHŒUR

Qu'il vive, qu'il vive, qu'il vive, qu'il vive, cent fois qu'il vive,
Le nouveau docteur, qui parle si bien !
Pendant mille et mille ans, qu'il mange et qu'il boive,
Qu'il saigne et qu'il tue !

CHIRURGIEN

10 Puissent toutes les années
Lui être bonnes
Et favorables,
Et n'avoir jamais
Que des pestes, des véroles,
15 Des fièvres, des pleurésies,
Des flux de sang et des dysenteries !

Chorus

Vivat, vivat, vivat, vivat, cent fois vivat,
Novus doctor, qui tam bene parlat !
Mille, mille annis, et manget, et bibat,
20 Et seignet, et tuat !

TRADUCTION

Le chœur

Vive, vive, vive, vive, cent fois vive,
Le nouveau Docteur, qui parle si bien !
Mille, mille ans, qu'il mange et boive
Et saigne et tue !

DERNIÈRE ENTRÉE DE BALLET

Des médecins, des chirurgiens et des apothicaires,
qui sortent tous, selon leur rang en cérémonie,
comme ils sont entrés.

J. B. P. Molière

Repères

• Comment les scènes 12 et 13 s'enchaînent-elles ? Pourquoi l'entrée de Cléante est-elle nécessaire ?

Observation

• **Le désespoir d'Angélique** (scène 13) : quel sentiment expriment les tournures exclamatives et interrogatives ? L. 10-15 : quel champ lexical dominant trouve-t-on dans cette réplique ?

• **L'ultime supercherie** (scène 14) : montrez que la stupéfaction d'Argan va croissant. Cette scène confirme-t-elle ce que nous savons de sa crédulité ?

• **Troisième intermède** : 1ʳᵉ strophe. En quoi les deux derniers vers annoncent-ils la tonalité satirique ? Observez les vers 19 et 20. Qu'en déduisez-vous sur le latin employé ? Relevez les expressions qui s'appliquent à la médecine des v. 11 à 29 : quelle est leur caractéristique ?

• **L'examen** : en quoi la réponse (v. 55 à 62) est-elle une caricature d'argument scientifique ? Comment la caricature est-elle encore accentuée dans les réponses qui vont suivre ? À quel médecin les remèdes exclusifs prescrits par le bachelier font-ils songer ?

• V. 144 à 152 : montrez que l'accumulation et la chute parachèvent le tableau satirique.

• **Le discours de remerciement du bachelier** : à quel autre bachelier fait-il songer ? Pourquoi ?

Interprétations

• **Angélique : deuil et affirmation de soi.** Quelle nouvelle dimension de ce personnage se manifeste avec ce vœu solennel de renoncement à l'amour et de retraite spirituelle ?

• « *C'est toute la grâce que je vous demande.* » (scène 14, l. 30). En quoi cette supplication met-elle en valeur la noblesse du personnage ? La revendication d'Angélique n'implique-t-elle pas plus largement la reconnaissance de son identité féminine ?

• **La famille** : en quoi le stratagème de Toinette permet-il de restaurer le lien familial ? Quelles valeurs triomphent à la fin ?

L'action

Composition et dramaturgie

Du sérieux de la discussion à coloration philosophique à la bouffonnerie la plus échevelée, tel pourrait être, en résumé, le trajet de cet acte III. L'évolution procède par degrés. Amorcée par Béralde, la discussion à caractère polémique sur le « *roman de la médecine* » débouche sur un débat de spectateurs : comment faut-il comprendre la satire théâtrale des médecins par Molière ? À l'issue de ce premier moment de l'acte, démonstration est faite qu'Argan est à la fois mystifié par l'imposture médicale et — sans doute par voie de conséquence — mauvais spectateur de comédie. Cet aveuglement sera confirmé dans le mouvement suivant par le subterfuge de Toinette, déguisée en faux médecin. Or, il se produit à la scène 11 un retournement spectaculaire : jusqu'ici spectateur naïf et berné de la comédie des autres, Argan devient acteur. De là, l'enchaînement des scénarios de fausses morts.

C'est évidemment l'intermède final qui consacre dans un même élan de dérision parodique l'entrée de l'acteur Argan en médecine et son entrée en comédie. Parcours symbolique s'il en est, puisque le personnage théâtral devient acteur d'une comédie dont il est au fond l'auteur. Promu acteur dans le scénario de son propre fantasme, Argan est devenu en même temps inoffensif pour lui-même et pour les siens. Tous se passe comme si l'imagination maladive de ce personnage, au départ inquiétante et pernicieuse, se métamorphosait, dès qu'elle accepte le jeu de la comédie, en maladie imaginaire, en maladie de l'imaginaire qui fait triompher le divertissement et l'invention. Mise en abyme d'autant plus suggestive qu'elle fait du théâtre la seule thérapie authentique. Trois obstacles ont été surmontés pour aboutir à un tel dénouement. Lesquels (scènes 5, 12, 14) ? Peut-on parler d'une guérison d'Argan ?

Le temps et le lieu

Quel indice mentionné dans la dernière scène nous informe sur le moment de la journée ? Combien de temps s'est écoulé entre la scène 1 de l'acte I et la dernière scène de la pièce ? Est-ce conforme à la règle de l'unité de temps ?

Les thèmes

Avec Béralde apparaissent des thèmes philosophiques importants du théâtre de Molière : nature, théorie et expérience, imagination, puissance trompeuse, qui trouve du reste un prolongement dans cet ensemble thématique que constituent l'illusion, le jeu, les masques et les faux-semblants. Pensez-vous que la mort soit un thème essentiel de cette comédie ? Pourquoi ?

Les personnages

Figures nouvelles

Béralde, qui fait une brève apparition à la fin de l'acte II, domine l'acte III de sa présence. Doté d'un bon sens et d'une lucidité salutaires, il incarne l'emploi du raisonneur, ce personnage des comédies de Molière qui s'efforce constamment de désabuser ces maniaques extravagants que sont les ridicules. Avec sa complice Toinette, il assume fréquemment le rôle de maître de cérémonie et d'initiateur en matière d'illusion et de divertissement.

M. Purgon est une belle réussite comique. Il surpasse les Diafoirus en démonstration de grandiloquence autoritaire et bornée. Tel un dieu de l'Olympe, Purgon prononce des arrêts si impérieux qu'il terrorise Argan tout en l'infantilisant. On comprend mieux alors quel lien de soumission et d'aliénation a pu conditionner à ce point le malade imaginaire.

Personnages connus

Toinette confirme son importance stratégique dans cette pièce. C'est elle qui contribue à précipiter le dénouement en suggérant à deux reprises le scénario de la fausse mort. Le troisième acte est celui des épreuves pour **Argan.** Épreuve du débat d'idées avec Béralde, épreuve de la comédie pour finir. S'il est vrai que l'amour filial finit par avoir raison de son obstination, son obsession de la médecine reste quant à elle chevillée en lui.

Comment lire l'œuvre

L'action

Évolutio

EXPOSITION

ARGAN	ANGÉLIQUE
• Est un « *pauvre malade* ». Prend beaucoup de remèdes. • Son pharmacien est M. Fleurant, commerçant aux factures douteuses, son médecin, M. Purgon. • Est riche, a deux filles d'un premier mariage. L'aînée s'appelle Angélique. • Est remarié à Béline. • A promis Angélique en mariage à Thomas Diafoirus, neveu de M. Purgon, fils du médecin M. Diafoirus. • Veut rédiger son testament en faveur de Béline et déshériter ses enfants.	• Est tombée amoureuse de Cléante lor d'une rencontre à la comédie.

SITUATION INITIALE

ACTE I : Argan consulte sa facture d'apothicaire et fait ses comptes. Il sonne sa servante

ACTION

	LIEU / MOMENT	PÉRIPÉTIE
ACTE I	Chambre / après-midi	N° 1 : Argan veut marier Angélique contre son gré
	Chambre / soir	N° 2 : Argan veut déshériter ses enfants au profit de Bélin
ACTE II	Chambre / milieu de journée	N° 3 : déclaration et promesse de mariage
	Après-midi	N° 4 : opéra et déclaration d'amour Angélique / Cléante
	Id.	N° 5 : Béline révèle l'amour secret d'Angélique
ACTE III	Chambre / fin après-midi	N° 6 : M. Fleurant vient purger Argan
	Id.	N° 7 : Purgon abandonne Argan et ne veut plus d'alliance
	Soir	N° 8 : Argan contrefait le mort
	Id.	N° 9 : idem

DOUBLE DÉNOUEMENT

• **Dénouement heureux** Angélique épousera Cléante.

ramaturgique

BÉLINE	TOINETTE
• A pris contact avec un notaire de ses mis, M. Bonnefoi, qu'elle a présenté à Argan comme un honnête homme.	• Est la servante de la maison.

OBSTACLE	RÉSULTAT
N° 1 : Toinette veut l'en dissuader	Échec
N° 2 : Toinette médite un stratagème	?
N° 3 : résistance d'Angélique	Échec
	Échec
N° 4 : résistance de Louison	Échec
N° 5 : Béralde s'y oppose	Succès
	1er retournement : pas de mariage avec Thomas
	2e retournement : Béline est démasquée
	3e retournement : réconciliation familiale

Dénouement comique
Argan est promu médecin dans une parodie de remise de diplôme.

Résumé

Prologue

Pastorale qui devient un éloge du roi Louis XIV par les dieux, les héros et les mortels de l'Antiquité.

Acte I

Seul dans sa chambre, Argan, le malade imaginaire, vérifie la facture mensuelle de son pharmacien (scène 1). Après s'être emporté contre sa servante Toinette, il demande à voir Angélique, sa fille (scène 2). En l'absence d'Argan parti à la chaise, Angélique confie alors à Toinette les tendres sentiments qu'elle éprouve pour Cléante (scène 3). À son retour, Argan, désireux d'informer sa fille qu'il l'a promise à un prétendant, occasionne un quiproquo. Quand Angélique comprend que le prétendant n'est pas Cléante mais Thomas Diafoirus, fils du médecin Diafoirus et lui-même futur médecin, elle est désespérée. Toinette s'interpose et tente en vain de dissuader Argan (scène 5). Béline apparaît : après avoir consolé Argan, elle lui annonce l'arrivée du notaire qu'il a convoqué pour rédiger son testament (scène 6). Béline, grâce à ses cajoleries et avec la complicité du notaire, hérite d'une grande partie de la fortune d'Argan, au détriment de ses deux belles-filles (scène 7). Toinette, qui a surpris la machination, assure Angélique de son soutien (scène 8).

Premier intermède

Farce et chants. Après avoir chanté la sérénade, Polichinelle est rudoyé par les archers et ridiculisé.

Acte II

Dès le lendemain matin, Cléante, averti par Toinette, se fait passer pour le maître de chant d'Angélique (scène 1) afin de s'introduire dans la demeure d'Argan (scène 2). À la vue de Cléante, Angélique dissimule mal sa surprise (scène 3). Mais Toinette annonce l'arrivée des Diafoirus père et fils (scène 4). Thomas récite ses compliments à la famille. À la demande d'Argan, Cléante donne sa leçon de chant à Angélique : les deux amoureux exploitent cette opportunité pour s'avouer leur amour réciproque à travers les paroles d'un opéra. Mais Argan, irrité par le sujet de l'opéra, renvoie le jeune homme (scène 5). Béline survient. En sa présence, Argan presse Angélique de s'engager vis-à-vis de Thomas, son prétendant. La jeune fille se dérobe. S'ensuit un échange piquant avec sa belle-mère. Argan l'ayant menacée du couvent, Angélique sort. Les Diafoirus prennent le pouls à Argan (scène 6). Béline revient sur ses pas pour informer Argan de la présence d'un galant dans la chambre d'Angélique (scène 7). Pressé d'en savoir plus, Argan interroge Louison, sa cadette, qui a tout vu mais qui feint de tout ignorer. Sous la menace, elle finit par tout raconter (scène 8). Arrive Béralde qui, préoccupé par la santé de son frère, lui propose un divertissement.

Deuxième intermède

Chants et danses exotiques par des Égyptiens et des Égyptiennes. le thème est celui de l'amour éphémère.

Acte III

L'absence momentanée d'Argan parti à la chaise (scène 1) donne l'occasion à Toinette de confier à Béralde qu'elle s'apprête à jouer un tour à son maître (scène 2). Béralde s'emploie à dénoncer les impostures de la médecine devant un Argan quelque peu déstabilisé (scène 3). Fait exceptionnel : il diffère à plus tard un lavement apporté par M. Fleurant (scène 4). M. Purgon, informé du refus d'Argan, lui prédit les plus épouvantables maladies (scène 5). En dépit des appels à la clairvoyance que lui adresse Béralde, Argan demeure catastrophé (scène 6). Survient Toinette qui lui annonce l'arrivée d'un médecin de passage (scène 7). Ce médecin n'est autre que Toinette déguisée. Argan est stupéfait par la ressemblance (scène 8). À seule fin de crédibiliser le subterfuge, le faux médecin s'absente, et Toinette reparaît, puis s'absente à nouveau (scène 9). Retour du faux médecin : il examine Argan et propose un diagnostic très différent de celui de M. Purgon ou des Diafoirus (scène 10). Toinette propose à Argan de contrefaire le mort pour tester les sentiments de Béline à son égard (scène 11). Réjouie à la nouvelle du décès de son mari, celle-ci sera démasquée et répudiée (scène 12). Le même stratagème permettra à Argan d'être rassuré sur les sentiments que lui porte sa fille (scène 13). Argan consent alors à donner celle-ci en mariage à Cléante, à condition qu'il devienne médecin. Béralde suggère à son frère d'endosser lui-même la robe de médecin.

Troisième intermède

Parodie de la cérémonie de réception du futur candidat médecin, Argan.

Daniel Sorano (Argan), T.N.P., 1957.
Mise en scène de Daniel Sorano.

Tableau des

SCÈNES \ PERSONNAGES	ACTE I								ACTE II				
	1	2	3	4	5	6	7	8	1	2	3	4	5
Argan	■	■		■	■	■		■					
Béline						■	■						
Angélique			■	■	■								
Louison													
Béralde													
Cléante									■	■	■	■	
M. Diafoirus												■	■
Thomas												■	■
M. Purgon													
M. Fleurant													
M. Bonnefoi							■						
Toinette		■	■	■	■	■	■	■	■	■			

• Il existe deux choix dominants dans la dramaturgie classique : celui du « héros rare » qui consiste à économiser les apparitions du héros (c'est le cas du personnage du *Tartuffe* chez Molière, qui apparaît seulement à partir de l'acte III, et n'intervient vraiment qu'aux actes III et IV, et celui du « héros prodigue » qui repose sur l'omniprésence du héros (c'est le cas d'Arnolphe dans *L'École des femmes* qui est absent dans deux

présences

				ACTE III												
6	7	8	9	1	2	3	4	5	6	7	8	9	10	11	12	13 14
■	■	■	■												■	
■	■	■	■												■	
■	■	■	■												■	
		■														
			■	■	■	■	■	■	■	■	■	■	■	■	■	■
				■	■	■	■	■	■	■	■	■	■	■		
■																
■																
								■								
							■									
■	■			■	■		■			■	■	■	■	■	■	■

scènes seulement). Quel est le choix de Molière dans *Le Malade imaginaire* ?

• Quels sont les deux personnages qui apparaissent le plus ? Est-ce révélateur du fonctionnement de cette comédie ? Pourquoi ?

• Quelle est la particularité de Béralde ? En quoi est-ce significatif ?

Schéma actantiel I
Le premier projet d'Argan

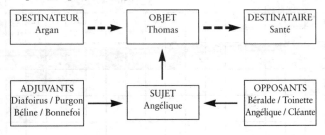

Schéma actantiel II
Le second projet d'Argan

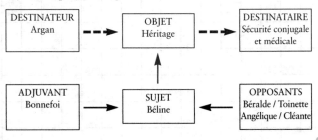

• Le schéma actantiel définit les fonctions assumées par un être, une chose, un événement dans un récit. Tout récit est centré sur l'idée de « quête ». C'est la relation de chaque actant à la quête qui définit sa fonction.

• Le **sujet** poursuit la quête.

• L'**objet** est le but de la quête.

• L'**adjuvant** est auxiliaire du sujet dans la poursuite de sa quête.

• L'**opposant** est obstacle à la quête.

• Le **destinateur** détermine l'objet de la quête.

• Le **destinataire** bénéficie de la quête.

Schéma des relations entre personnages

Mode de complicité

Personnages

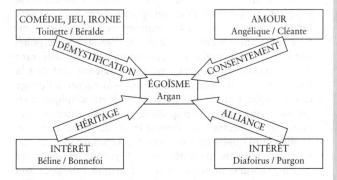

Personnages principaux

Argan

« C'est un bon impertinent que votre Molière avec ses comédies »

Acte III, scène 3

« Un homme incommode à tout le monde, malpropre, dégoûtant, sans cesse un lavement ou une médecine dans le ventre, mouchant, toussant, crachant toujours, sans esprit, ennuyeux, de mauvaise humeur, fatiguant sans cesse les gens, et grondant jour et nuit servantes et valets. »

Acte III, scène 12

« Béralde et Toinette sont sûrs qu'Argan se porte comme un charme. Mais les pionniers de la psychiatrie, au XIXe siècle, Pinel et Charcot, ont reconnu en lui un hypocondriaque et un mélancolique. Depuis, on a d'autant moins mis en doute sa névrose et le caractère psychosomatique de son mal qu'il ne peut tousser sans faire tousser Molière. En diagnostiquant « le poumon », Toinette désigne justement l'organe atteint chez Molière. »

Alfred Simon, *Molière, Qui êtes-vous ?*, La Manufacture, 1987.

À l'image des grands bourgeois ridicules qui l'ont précédé dans le théâtre de Molière, Argan est un inadapté. Inapte à la vie réelle, incapable de mener une existence équilibrée, en harmonie avec les autres, il s'est réfugié dans cette vie substitutive qu'est la maladie imaginaire. Gémissant ou vociférant, despote ou enfant, son comportement déréglé se manifeste scène après scène avec la même démesure. Il se pourrait bien que la maladie d'Argan soit un mal d'identité, tant il est vrai qu'à ses propres yeux sa maladie lui confère à la fois un être et une consistance. Mais – là encore à l'image des Arnolphe, Orgon, etc. – sa folie, pour être comique, n'en est pas moins source d'inquiétude pour son entourage, et pour nous spectateurs. Pitoyable et dérisoire dans les conflits qui l'opposent à sa servante, Argan devient rapidement un monstre d'indifférence, d'égoïsme et de cécité morale lorsqu'il prétend utiliser sa propre fille pour son propre confort médical ou lorsqu'il envisage tout simplement de la déshériter. Une fois ces dangereux projets habilement désamorcés par Béralde et Toinette, Argan n'en demeurera pas moins incurable. S'il est vrai que la comédie ne parvient pas à le corriger, tout au moins réussit-elle à rendre sa folie inoffensive.

Béline

Elle incarne dans la pièce la figure de l'hypocrite, insinuante et intrigante. Des personnages principaux qui jouent un rôle déterminant dans l'évolution de cette intrigue, elle est celui qui apparaît le moins sur scène (5 scènes). Molière nous rend par là sensible à un aspect essentiel de sa stratégie : comme Tartuffe, Béline absente est tout aussi efficace que Béline présente. Perspicace et rusée, elle a parfaitement pénétré la psychologie de son mari : elle s'emploie à conforter sa monomanie, à préserver son identité de malade en l'infantilisant à l'excès, assurée que l'affection maternelle qu'elle lui témoigne sera bientôt récompensée en espèces sonnantes et trébuchantes. Sa seule erreur réside dans la confiance qu'elle met en Toinette. Celle-ci saura l'exploiter habilement.

Béline (Louise Comte), Argan (Louis Seigner), Toinette (Micheline Boudet)
dans une mise en scène de Robert Manuel, Comédie-Française, 1958.

Angélique

Ce personnage parcourt un véritable itinéraire d'apprentissage qui la conduit de l'expérience de découverte du premier amour à l'épreuve conflictuelle de la rébellion contre l'autorité. Du reste, le langage de la jeune fille témoigne de cette évolution : à la fraîcheur innocente des premières expressions de l'émoi amoureux succédera bientôt l'agressivité farouche des répliques perfides qu'elle adresse à Béline. Angélique incarne à sa manière un idéal de transparence morale : c'est une même belle énergie qui la pousse à combattre pour préserver son amour et qui l'incite ensuite à y renoncer par piété filiale. On peut dire que la cohérence du personnage réside dans sa cohérence morale. Cela étant, le personnage, pour être attaché à l'idéalisme des sentiments, n'est pas pour autant étranger à tout réalisme pragmatique. Elle adoptera elle aussi sans hésiter l'expédient de la feinte lorsqu'il s'agira de déclarer son amour à Cléante en improvisant les paroles d'un opéra.

Béralde

La consistance de ce personnage, raisonneur avant tout, se confond avec celle de son message. Ce message étant celui du bon sens, du jugement mesuré, la lucidité de ce personnage en fait le porte-parole de l'auteur et du spectateur à la fois. Par une vigoureuse dénonciation des impostures de la médecine, il s'emploie à secouer énergiquement Argan et l'incite à une prise de conscience. En vain : la médecine de l'âme est sans effet sur le cas Argan. Béralde devra donc opter pour la seule autre thérapie possible : la comédie. Car le raisonneur, ne l'oublions pas, est aussi, comme sa complice Toinette, un spectateur particulièrement avisé, des comédies de Molière en général, et de celle que donne Argan en particulier.

Toinette

Railleuse, ironique, impertinente, elle a fait d'Argan son souffre-douleur, le ridiculisant en toute occasion. Elle va même jusqu'à bafouer son autorité, à seule fin de le rendre plus clairvoyant sur lui-même. Avec Angélique, en revanche, nous découvrirons une Toinette tendre et prévenante. Quand elle n'exerce pas un rôle décisif dans l'action, ses interventions ont toujours pour effet de souligner la dimension ridicule de tel ou tel personnage. Comme Béralde, elle est l'œil critique du spectateur.

Personnages secondaires
Le clan des médecins

Personnages essentiellement caricaturaux, ils sont les supports de la satire. Fleurant, le clystère à la main, Purgon, drapé dans son indignation, telles sont les images que retient le spectateur en souriant. Au-delà de leur dogmatisme borné, de leur manie du syllogisme et de leur galimatias, un intérêt commun les assemble : l'appât du gain. Dès la scène 1, nous savons que l'apothicaire est un filou qui abuse de son client. Par ailleurs, la fortune d'Argan est un appât tout aussi attrayant que les charmes d'Angélique pour messieurs Diafoirus et Purgon, et sans doute n'est-elle pas étrangère au projet d'alliance entre les deux familles.

Cléante

Jeune premier de comédie, sa seule originalité tient ici dans le stratagème qu'il improvise pour s'approcher d'Angélique et pour lui déclarer sa flamme. Faux maître de chant, interprète avec la complicité d'Angélique d'un faux opéra, il se range du côté de ceux qui, dans cette comédie, choisissent la feinte pour triompher.

Bonnefoi

Emploi fréquent chez Molière que celui de l'homme de loi, avocat ou notaire. L'homme de loi était déjà un emploi du répertoire de la farce. En témoigne la présence d'un avocat dans une farce de jeunesse de Molière, *Le Médecin volant*. Complice de Béline, Bonnefoi n'est pas seulement un pédant inoffensif, c'est un escroc dépourvu de sens moral qui emploie son savoir juridique à dépouiller Argan et sa famille.

Les raisonneurs moliéresques

Qu'est-ce qu'un raisonneur ?

Il est ce personnage de parent ou d'ami qui oppose des arguments de bon sens aux extravagances du ridicule ; et le raisonnement apparaît bien souvent comme une priorité dans ses interventions (Béralde : « *Et de raisonner ensemble, sur les affaires dont nous avons à parler* », III, 3).

Au fond, il incarne moins un personnage qu'une **fonction**. Psychologiquement incolore, il existe essentiellement par les valeurs qu'il cherche à promouvoir et par son message vigoureusement démystificateur. Convenons pourtant que le raisonneur ne jouit pas d'un privilège exclusif dans l'expression de cette fonction. Une Elmire *(Le Tartuffe)* ou une Toinette *(Le Malade imaginaire)*, bien souvent complices du raisonneur, partagent avec lui cet attachement à la clairvoyance et à la vérité.

Mais, au-delà de cette hauteur de vue qui caractérise sa prise de parole, au-delà également de l'orientation philosophique de son discours, le raisonneur se distingue surtout par le rapport qu'il entretient à l'**action dramatique**. À l'exception d'Ariste *(L'École des maris)* directement concerné par les événements, le raisonneur demeure en fait étranger aux enjeux de l'action dramatique. Le plus souvent, c'est un élan de sympathie pour de jeunes amoureux (Cléante et Béralde) ou pour un ami (Philinte) qui le pousse à intervenir. Cette relation plutôt flottante à l'intrigue explique que ses apparitions ne soient pas réellement motivées sur le plan dramaturgique. Du reste, loin de dynamiser l'action, sa rhétorique argumentative a bien souvent pour effet de figer quelque peu le dialogue.

Une exigence de lucidité

Épris de transparence et de vérité, le raisonneur incarne une forme de lucidité supérieure : il sait « du faux avec le vrai faire la différence » (Cléante, *Le Tartuffe*, I, 5). Telle est la vertu philosophique qui le distingue fondamentalement des raisonneurs occasionnels : il dévoile, désillusionne, démasque les impostures, dénonce les mystifications, dissipe les opacités. Ainsi Béralde s'emploie-t-il, à seule fin d'ébranler la crédulité d'Argan, à désacraliser la médecine et ses prétendus miracles, à relativiser le pouvoir des remèdes. Cléante ne procède pas autrement qui exalte la vraie dévotion pour mieux confondre l'imposteur Tartuffe et sa fausse dévotion.

Telle est alors la vocation du raisonneur dans le théâtre de Molière : il doit mettre cette **faculté de clairvoyance** au service d'une **pédagogie morale**, autrement dit communiquer sa propre lumière au héros ridicule afin de le rendre plus lucide sur son entourage et sur lui-même à la fois. Intercesseur bienveillant des jeunes amoureux, il lui faut tout mettre en œuvre pour raisonner un père intransigeant et borné (Argan, Orgon), pour corriger son esprit déréglé, pour susciter une prise de conscience salutaire. Étranger à tout dogmatisme, son parti pris de sagesse fait de lui un contrepoint à la déraison obsessionnelle des extravagants.

Le spectateur ironique

Nous reconnaissons également en lui un observateur avisé et pénétrant des mœurs et des comportements. N'en doutons pas, Cléante comme Béralde ont longuement observé, l'un le clan des faux dévôts, l'autre le milieu des médecins, pour en parler avec cette assurance. De même ont-ils certainement médité longuement l'un sur la foi, l'autre sur la maladie. Voilà pourquoi la figure du raisonneur se confond souvent avec celle du **moraliste**. Tour à tour ironique ou charitable, il apparaît souvent en scène en situation de spectateur.

Confronté aux folies ou aux turpitudes du bourgeois ridicule, le lecteur le devine tantôt goguenard, tantôt atterré. Ainsi, s'offre toujours à lui cette possibilité de ménager une distance ironique et critique qui lui permet d'être à la fois proche et distant de l'action.

Un relais de l'auteur et du spectateur

Le raisonneur assume clairement une fonction de **porte-parole de l'auteur**, dès lors, par exemple, qu'il prend explicitement la défense des comédies de Molière (Béralde). Il arrive aussi qu'il apparaisse comme un double de l'auteur, tel Cléante, dans *Le Tartuffe*, suspecté d'être libertin par les bigots, comme le fut Molière lui-même. Situation en revanche beaucoup plus complexe dans *Le Misanthrope*, puisqu'Alceste, au moins autant que Philinte, peut prétendre à la fonction de porte-parole. À la tonalité satirique de certaines interventions du misanthrope, nous devinons l'hostilité de Molière lui-même aux artifices de la mondanité, tandis qu'on hésite à reconnaître ce même Molière dans l'éloge du compromis mondain formulé par le raisonneur Philinte. N'oublions pas enfin que le raisonneur partage avec l'auteur quelques orientations philosophiques privilégiées ; ainsi cette confiance qu'il manifeste dans la Raison, la Nature, ou l'Expérience, qui n'est pas sans rappeler le credo gassendiste, auquel Molière, semble-t-il, n'était pas insensible.

Relais parfois problématique de l'auteur, le raisonneur est en revanche un parfait **représentant du public**. Il exprime un sentiment général, un ensemble de valeurs partagées par la communauté sociale, valeurs fondées sur le bon sens et l'équilibre du jugement. Le public s'accordant avec le raisonneur pour stigmatiser la déraison et ses excès, Béralde, Cléante et les autres deviennent de véritables auxiliaires du spectateur moyen, qu'ils représentent en quelque sorte sur la scène. **Instrument de lucidité**, le raisonneur devient aussi **instrument de lisibilité** de l'action théâtrale : il assiste le spectateur, l'aide à déchiffrer les situations et inspire son appréciation morale.

Correspondances

- *L'École des maris* (acte I), Ariste, v. 163-208.
- *Le Tartuffe* (acte I), Cléante, v. 351-407.
- *Le Misanthrope* (acte I), Philinte, v. 141-178.
- *Le Malade imaginaire* (acte III), Béralde, l. 66-154.
« ARGAN : Quoi ! Vous ne tenez pas véritable une chose établie (...) » à « BÉRALDE : (...) les plus ignorants de tous les hommes. »

─1─────────────────────────────────

« **Ariste.** Mon frère, son discours ne doit que faire rire ;
Elle a quelque raison en ce qu'elle veut dire.
Leur sexe aime à jouir d'un peu de liberté ;
On le retient fort mal par tant d'austérité ;
Et les soins défiants, les verrous et les grilles,
Ne font pas la vertu des femmes ni des filles :
C'est l'honneur qui les doit tenir dans le devoir,
Non la sévérité que nous leur faisons voir.
C'est une étrange chose, à vous parler sans feinte,
Qu'une femme qui n'est sage que par contrainte.
En vain sur tous ses pas nous prétendons régner,
Je trouve que le cœur est ce qu'il faut gagner :
Et je ne tiendrais, moi, quelque soin qu'on se donne,
Mon honneur guère sûr aux mains d'une personne
À qui, dans les désirs qui pourraient l'assaillir,
Il ne manquerait rien qu'un moyen de faillir.
Sganarelle. Chansons que tout cela !
Ariste. Soit ; mais je tiens sans cesse
Qu'il nous faut en riant instruire la jeunesse,
Reprendre ses défauts avec grande douceur,
Et du nom de vertu ne lui point faire peur.
Mes soins pour Léonor ont suivi ces maximes ;
De moindres libertés je n'ai point fait de crimes,
À ses jeunes désirs j'ai toujours consenti,
Et je ne m'en suis point, grâce au ciel, repenti.
J'ai souffert qu'elle ait vu les belles compagnies,

Les divertissements, les bals, les comédies ;
Ce sont choses, pour moi, que je tiens de tout temps
Fort propres à former l'esprit des jeunes gens ;
Et l'école du monde, en l'air dont il faut vivre,
Instruit mieux, à mon gré, que ne fait aucun livre.
Elle aime à dépenser en habits, linge, et nœuds ;
Que voulez-vous ? Je tâche à contenter ses vœux ;
Et ce sont plaisirs qu'on peut, dans nos familles,
Lorsque l'on a du bien, permettre aux jeunes filles.
Un ordre paternel l'oblige à m'épouser ;
Mais mon dessein n'est pas de la tyranniser.
Je sais bien que nos ans ne se rapportent guère,
Et je laisse à son choix liberté tout entière.
Si quatre mille écus de rente bien venants,
Une grande tendresse et des soins complaisants,
Peuvent, à son avis, pour un tel mariage,
Réparer entre nous l'inégalité d'âge,
Elle peut m'épouser ; sinon, choisir ailleurs.
Je consens que sans moi ses destins soient meilleurs ;
Et j'aime mieux la voir sous un autre hyménée,
Que si contre son gré sa main m'était donnée. »

Molière, *L'École des maris*, acte I, scène 2.

2

« **Cléante.** Je ne suis point, mon frère, un docteur révéré,
Et le savoir chez moi n'est pas tout retiré.
Mais, en un mot, je sais, pour toute ma science,
Du faux avec le vrai faire la différence.
Et comme je ne vois nul genre de héros
Qui soient plus à priser que les parfaits dévots,
Aucune chose au monde et plus noble et plus belle
Que la sainte ferveur d'un véritable zèle,
Aussi ne vois-je rien qui soit plus odieux
Que le dehors plâtré d'un zèle spécieux,
Que ces francs charlatans, que ces dévots de place,
De qui la sacrilège et trompeuse grimace
Abuse impunément et se joue à leur gré
De ce qu'ont les mortels de plus saint et sacré,

Ces gens qui, par une âme à l'intérêt soumise,
Font de dévotion métier et marchandise,
Et veulent acheter crédit et dignités
À prix de faux clins d'yeux et d'élans affectés,
Ces gens, dis-je, qu'on voit d'une ardeur non commune
Par le chemin du Ciel courir à leur fortune,
Qui, brûlants et priants, demandent chaque jour,
Et prêchent la retraite au milieu de la cour,
Qui savent ajuster leur zèle avec leurs vices,
Sont prompts, vindicatifs, sans foi, pleins d'artifices,
Et pour perdre quelqu'un couvrent insolemment
De l'intérêt du Ciel leur fier ressentiment,
D'autant plus dangereux dans leur âpre colère,
Qu'ils prennent contre nous des armes qu'on révère,
Et que leur passion, dont on leur sait bon gré,
Veut nous assassiner avec un fer sacré.
De ce faux caractère on en voit trop paraître ;
Mais les dévots de cœur sont aisés à connaître.
Notre siècle, mon frère, en expose à nos yeux
Qui peuvent nous servir d'exemples glorieux :
Regardez Ariston, regardez Périandre,
Oronte, Alcidamas, Polydore, Clitandre ;
Ce titre par aucun ne leur est débattu ;
Ce ne sont point du tout fanfarons de vertus ;
On ne voit point en eux ce faste insupportable,
Et leur dévotion est humaine, est traitable.
Ils ne censurent point toutes nos actions :
Ils trouvent trop d'orgueil dans ces corrections ;
Et laissant la fierté des paroles aux autres,
C'est par leurs actions qu'ils reprennent les nôtres.
L'apparence du mal a chez eux peu d'appui
Et leur âme est portée à juger bien d'autrui.
Point de cabale en eux, point d'intrigues à suivre ;
On les voit, pour tous soins, se mêler de bien vivre ;
Jamais contre un pécheur ils n'ont d'acharnement ;
Ils attachent leur haine au péché seulement,
Et ne veulent point prendre, avec un zèle extrême,
Les intérêts du Ciel plus qu'il ne veut lui-même.
Voilà mes gens, voilà comme il en faut user,

Voilà l'exemple enfin qu'il se faut proposer.
Votre homme, à dire vrai, n'est pas de ce modèle :
C'est de fort bonne foi que vous vantez son zèle ;
Mais par un faux éclat je vous crois ébloui. »

Molière, *Le Tartuffe*, acte I, scène 5.

3

« **Alceste.** Têtebleu ! ce me sont de mortelles blessures,
De voir qu'avec le vice on garde des mesures ;
Et parfois il me prend des mouvements soudains
De fuir dans un désert l'approche des humains.
Philinte. Mon Dieu, des mœurs du temps mettons-nous moins en peine,
Et faisons un peu grâce à la nature humaine ;
Ne l'examinons point dans la grande rigueur,
Et voyons ses défauts avec quelque douceur.
Il faut, parmi le monde, une vertu traitable ;
À force de sagesse, on peut être blâmable ;
La parfaite raison fuit toute extrémité,
Et veut que l'on soit sage avec sobriété.
Cette grande raideur des vertus des vieux âges
Heurte trop notre siècle et les communs usages ;
Elle veut aux mortels trop de perfection :
Il faut fléchir au temps sans obstination ;
Et c'est une folie à nulle autre seconde
De vouloir se mêler de corriger le monde.
J'observe, comme vous, cent choses tous les jours,
Qui pourraient mieux aller, prenant un autre cours ;
Mais quoi qu'à chaque pas je puisse voir paraître,
En courroux, comme vous, on ne me voit point être ;
Je prends tout doucement les hommes comme ils sont,
J'accoutume mon âme à souffrir ce qu'ils font ;
Et je crois qu'à la cour, de même qu'à la ville,
Mon flegme est philosophe autant que votre bile.
Alceste. Mais ce flegme, monsieur, qui raisonne si bien,
Ce flegme pourra-t-il ne s'échauffer de rien ?
Et s'il faut, par hasard, qu'un ami vous trahisse,
Que, pour avoir vos biens, on dresse un artifice,
Ou qu'on tâche à semer de méchants bruits de vous,

Verrez-vous tout cela sans vous mettre en courroux ?
Philinte. Oui, je vois ces défauts dont votre âme murmure
Comme vices unis à l'humaine nature ;
Et mon esprit enfin n'est pas plus offensé
De voir un homme fourbe, injuste, intéressé,
Que de voir des vautours affamés de carnage,
Des singes malfaisants, et des loups pleins de rage. »

Molière, *Le Misanthrope*, acte I, scène 1.

Maîtres et serviteurs

Une typologie comique

Les personnages du maître et du serviteur renvoient à une typo-logie traditionnelle du théâtre comique. Dans cette tradition, la position sociale correspond à un emploi. Dans les comédies de Molière, le maître c'est le bourgeois aisé qui dispose d'une marge confortable de revenus. Sa maison mène un train de vie élevé, nécessitant les services de plusieurs domestiques. Le servi-teur, quant à lui, est un valet (Scapin) ou, figure que Molière privilégie plus volontiers dans ses dernières œuvres, une servante (Dorine dans *Le Tartuffe*, Nicole dans *Le Bourgeois gentilhomme*, Toinette) issue d'un milieu populaire.

Autre effet de la typologie : les traits de caractère sont **sté-réotypés**. Le maître présente une personnalité dominée par un autoritarisme exacerbé et un tempérament bilieux qui vire fréquemment au déchaînement colérique. À cet égard, nul doute qu'Orgon ou Argan ne partagent ce constat de M. Jourdain : « Je suis bilieux comme tous les diables ; et, il n'y a morale qui tienne, je me veux mettre en colère tout mon soûl, quand il m'en prend envie. » (II, 4). Achevons ce portrait du maître en mentionnant sa crédulité puérile et une totale absence d'humour. La servante, tout au contraire, affiche une désarmante bonne humeur, une souplesse d'esprit, un sens de la moquerie et de l'ironie, une perspicacité enfin qui n'a d'égal que l'aveuglement de son maître.

Signalons pour finir que la servante jouit ordinairement d'un statut privilégié qui lui permet de partager l'intimité de la cellule familiale. C'est ainsi qu'il lui arrive, vaquant à ses tâches ménagères, de surprendre tel ou tel entretien privé. Informée de toute chose, elle n'hésite pas à perturber des projets, à déjouer des machinations. Oreille indiscrète, elle peut aussi devenir oreille bienveillante et chaleureuse pour la jeune fille ingénue de la maison qui la prend fréquemment pour confidente de ses amours secrètes.

Les personnages et leur langage

Difficile de parler de rhétorique à propos du maître tant l'exercice de la parole se borne chez lui à peu de choses : « *Nicole, apportez-moi mes pantoufles, et me donnez mon bonnet de nuit.* » Ce célèbre morceau de prose de M. Jourdain résume à merveille l'essentiel de l'activité discursive du bourgeois : il commande. Lorsqu'il ne commande pas, il invective. De là, le flot d'apostrophes insultantes qu'il déverse sur sa servante : friponne, coquine, pendarde, carogne, et autres délicatesses. Plus pervers en cela que les autres, Argan pousse le vice jusqu'à considérer que l'insulte et l'agressivité relèvent des prérogatives du valétudinaire. Quereller est un « *plaisir* » qui satisfait un caprice, plaisir dont il n'accepte pas d'être frustré. Cette gratuité stérile de l'autorité en dit déjà long sur la **dégradation des liens hiérarchiques** dans la maison d'Argan.

Par contraste, la rhétorique de la servante est beaucoup plus étoffée. D'abord, parce qu'elle entretient un **rapport ludique au langage** ; ainsi les interventions de Toinette, qui multiplient les jeux de mots, les antiphrases, les formules parodiques. Ensuite, parce qu'elle manifeste une grande virtuosité dans l'art de la repartie, virtuosité qui lui permet de prendre l'avantage dans le dialogue.

L'échange théâtral est un révélateur significatif de l'**inversion des statuts** : tandis que la servante se signale par sa grande sûreté, sa maîtrise de la parole, le maître à l'inverse révèle sa fragilité dans toutes les situations de dialogue, et manifeste par conséquent un rapport problématique au langage.

Langage et subversion

Au théâtre, les rapports de force s'expriment à travers l'échange dialogué et s'actualisent dans l'exercice même de la parole. Parler, c'est engager son statut, risquer son identité sociale, voire, plus profondément, son identité individuelle. La parole est à la fois **pouvoir** et **mise à l'épreuve**.

Dès lors qu'elle conteste la légitimité de la parole du maître, la servante conteste et subvertit son autorité. En bloquant la réalisation même des actes de langage censés manifester l'autorité, Toinette accule le maître dans une impasse (I, 5). Non seulement elle subvertit le rapport de force, mais elle l'inverse. Voici qu'en parodiant les actes de langage du maître, elle dénonce l'inconsistance de cette parole d'autorité, et la disqualifie. On comprend alors qu'empêcher l'autre de parler, c'est le réduire à l'impuissance. D'où la charge subversive de l'échange théâtral ici.

C'est cette maîtrise sur le langage qui permet bien souvent aux deux protagonistes de jouer à jeu égal. L'espace de quelques instants, voilà la servante momentanément investie des prérogatives du maître. La situation est d'autant plus crédible pour Toinette qu'elle prétend rendre service. Mais nous touchons là une dimension singulière des rapports entre maître et serviteur dans le théâtre de Molière : la contestation de la servante ne vise paradoxalement qu'à consolider l'ordre établi. Toinette ne rudoie Argan que pour mieux le rappeler à ses responsabilités de maître. Au lieu que chez Marivaux ou Rousseau, le serviteur humilié par l'arrogance de ses maîtres parvient à prendre sa revanche.

Humour et comique

Quelle que soit la portée politique de ce renversement des statuts, l'effet comique est assuré. Le maître n'est jamais aussi **dérisoire** que lorsqu'il assiste impuissant à sa propre déchéance, et se voit dépouillé de son autorité, de son prestige. Son irritation alimente alors un **comique de geste** qui le ridiculise encore davantage. En réponse, verve et prestesse se combinent pour faire triompher l'insolence de la servante.

Correspondances

- Molière, *Le Tartuffe*, II, 2 : ORGON : de « Cessez de m'interrompre (…) » (v. 541) à la fin de la scène (v. 584).
- Molière, *Le Malade imaginaire*, I, 5.
- Marivaux, *L'Île des esclaves*, scène 3.
- Rousseau, *Les Confessions*, livre III.

1

« **Orgon.** Cessez de m'interrompre, et songez à vous taire,
Sans mettre votre nez où vous n'avez que faire.
Dorine. Je n'en parle, monsieur, que pour votre intérêt.
(Elle l'interrompt toujours au moment qu'il se retourne pour parler à sa fille.)
Orgon. C'est prendre trop de soin : taisez-vous, s'il vous plaît.
Dorine. Si l'on ne vous aimait…
Orgon. Je ne veux pas qu'on m'aime.
Dorine. Et je veux vous aimer, monsieur, malgré vous-même.
Orgon. Ah !
Dorine. Votre honneur m'est cher, et je ne puis souffrir
Qu'aux brocards d'un chacun vous alliez vous offrir.
Orgon. Vous ne vous tairez point ?
Dorine. C'est une conscience
Que de vous laisser faire une telle alliance.
Orgon. Te tairas-tu, serpent, dont les traits effrontés… ?
Dorine. Ah ! vous êtes dévot, et vous vous emportez ?
Orgon. Oui, ma bile s'échauffe à toutes ces fadaises,
Et tout résolument je veux que tu te taises.
Dorine. Soit. Mais, ne disant mot, je n'en pense pas moins.
Orgon. Pense, si tu le veux ; mais applique tes soins
À ne m'en point parler, ou… Suffit.
(Se retournant vers sa fille.)
Comme sage,
J'ai pesé mûrement toutes choses.
Dorine. J'enrage
De ne pouvoir parler.
(Elle se tait lorsqu'il tourne la tête.)
Orgon. Sans être damoiseau,

Tartuffe est fait de sorte...

Dorine. Oui, c'est un beau museau.

Orgon. Que quand tu n'aurais même aucune sympathie
Pour tous les autres dons...

(Il se tourne devant elle, et la regarde les bras croisés.)

Dorine. La voilà bien lotie !
Si j'étais en sa place, un homme assurément
Ne m'épouserait pas de force impunément ;
Et je lui ferais voir bientôt après la fête
Qu'une femme a toujours une vengeance prête.

Orgon. Donc, de ce que je dis on ne fera nul cas ?

Dorine. De quoi vous plaignez-vous ? Je ne vous parle pas.

Orgon. Qu'est-ce que tu fais donc ?

Dorine. Je me parle à moi-même.

Orgon. Fort bien. Pour châtier son insolence extrême,
Il faut que je lui donne un revers de ma main.

(Il se met en posture de lui donner un soufflet, et Dorine, à chaque coup d'œil qu'il jette, se tient droite sans parler.)

Ma fille, vous devez approuver mon dessein...
Croire que le mari... que j'ai su vous élire...

(À Dorine.)

Que ne te parles-tu ?

Dorine. Je n'ai rien à me dire.

Orgon. Encore un petit mot.

Dorine. Il ne me plaît pas, moi.

Orgon. Certes, je t'y guettais.

Dorine. Quelque sotte, ma foi !

Orgon. Enfin, ma fille, il faut payer d'obéissance,
Et montrer pour mon choix entière déférence.

Dorine, *en s'enfuyant.* Je me moquerais fort de prendre un tel époux.

(Il veut lui donner un soufflet et la manque.)

Orgon. Vous avez là, ma fille, une peste avec vous,
Avec qui sans péché je ne saurais plus vivre.
Je me sens hors d'état maintenant de poursuivre :
Ses discours insolents m'ont mis l'esprit en feu,
Et je vais prendre l'air pour me rasseoir un peu. »

Molière, *Le Tartuffe*, acte II, scène 2.

2

« **Trivelin**, *à part, à Euphrosine*. [...] Venons maintenant à l'examen de son caractère : il est nécessaire que vous m'en donniez un portrait, qui se doit faire devant la personne qu'on peint, qu'elle se connaisse, qu'elle rougisse de ses ridicules, si elle en a, et qu'elle se corrige. Nous avons là de bonnes intentions, comme vous voyez. Allons, commençons.

Cléanthis. Oh ! que cela est bien inventé ! Allons, me voilà prête ; interrogez-moi, je suis dans mon fort.

Euphrosine, *doucement*. Je vous prie, Monsieur, que je me retire, et que je n'entende point ce qu'elle va dire.

Trivelin. Hélas ! ma chère dame, cela n'est fait que pour vous ; il faut que vous soyez présente.

Cléanthis. Restez, restez ; un peu de honte est bientôt passé.

Trivelin. Vaine, minaudière et coquette, voilà d'abord à peu près sur quoi je vais vous interroger au hasard. Cela la regarde-t-il ?

Cléanthis. Vaine, minaudière et coquette, si cela la regarde ? Eh ! voilà ma chère maîtresse ; cela lui ressemble comme son visage.

Euphrosine. N'en voilà-t-il pas assez, Monsieur ?

Trivelin. Ah ! je vous félicite du petit embarras que cela vous donne ; vous sentez, c'est bon signe, et j'en augure bien pour l'avenir : mais ce ne sont encore là que les grands traits ; détaillons un peu cela. En quoi donc, par exemple, lui trouvez-vous les défauts dont nous parlons ?

Cléanthis. En quoi ? partout, à toute heure, en tous lieux ; je vous ai dit de m'interroger ; mais par où commencer ? Je n'en sais rien, et je m'y perds. Il y a tant de choses, j'en ai tant vu, tant remarqué de toutes les espèces, que cela se brouille. Madame se tait, Madame parle ; elle regarde, elle est triste, elle est gaie : silence, discours, regards, tristesse et joie, c'est tout un, il n'y a que la couleur de différente ; c'est vanité muette, contente ou fâchée ; c'est coquetterie babillarde, jalouse ou curieuse ; c'est Madame, toujours vaine et coquette, l'un après l'autre, ou tous les deux à la fois : voilà ce que c'est, voilà par où je débute ; rien que cela.

Euphrosine. Je n'y saurais tenir.

Trivelin. Attendez donc, ce n'est qu'un début.

Cléanthis. Madame se lève ; a-t-elle bien dormi, le sommeil l'a-t-elle rendue belle, se sent-elle du vif, du sémillant dans les yeux ? vite, sur les armes ; la journée sera glorieuse. « Qu'on m'habille ! » Madame verra du monde aujourd'hui ; elle ira aux spectacles, aux promenades, aux assemblées ; son visage peut se manifester, peut soutenir le grand jour, il fera plaisir à voir, il n'y a qu'à le promener hardiment, il est en état, il n'y a rien à craindre.

Trivelin, *à Euphrosine*. Elle développe assez bien cela.

Cléanthis. Madame, au contraire, a-t-elle mal reposé ? « Ah ! qu'on m'apporte un miroir ; comme me voilà faite ! que je suis mal bâtie ! » Cependant on se mire, on éprouve son visage de toutes les façons, rien ne réussit ; des yeux battus, un teint fatigué ; voilà qui est fini, il faut envelopper ce visage-là, nous n'aurons que du négligé, Madame ne verra personne aujourd'hui, pas même le jour, si elle peut ; du moins fera-t-il sombre dans la chambre. Cependant, il vient compagnie, on entre : que va-t-on penser du visage de Madame ? on croira qu'elle enlaidit : donnera-t-elle ce plaisir-là à ses bonnes amies ? Non, il y a remède à tout : vous allez voir. « Comment vous portez-vous, Madame ? — Très mal, Madame ; j'ai perdu le sommeil ; il y a huit jours que je n'ai fermé l'œil ; je n'ose pas me montrer, je fais peur. » Et cela veut dire : Messieurs, figurez-vous que ce n'est point moi, au moins ; ne me regardez pas, remettez à me voir ; ne me jugez pas aujourd'hui ; attendez que j'aie dormi. J'entendais tout cela, car nous autres esclaves, nous sommes doués contre nos maîtres d'une pénétration !... Oh ! ce sont de pauvres gens pour nous. »

Marivaux,
L'Île des esclaves, scène 3.

3

« J'aimais à voir Mlle de Breil, à lui entendre dire quelques mots qui marquaient de l'esprit, du sens, de l'honnêteté : mon ambition, bornée au plaisir de la servir, n'allait point au-delà de mes droits. À table j'étais attentif à chercher l'occasion de les faire valoir. Si son laquais quittait un moment sa chaise, à l'instant on m'y voyait établi : hors de là je me tenais vis-à-vis d'elle ; je cherchais dans ses yeux ce qu'elle allait me demander, j'épiais le moment de changer son assiette. Que n'aurais-je point fait pour qu'elle daignât m'ordonner quelque chose, me regarder, me dire un seul mot ; mais point ; j'avais la mortification d'être nul pour elle ; elle ne s'apercevait pas même que j'étais là. Cependant, son frère, qui m'adressait quelquefois la parole à table, m'ayant dit je ne sais quoi de peu obligeant, je lui fis une réponse si fine et si bien tournée, qu'elle y fit attention, et jeta les yeux sur moi. Ce coup d'œil, qui fut court, ne laissa pas de me transporter. Le lendemain, l'occasion se présenta d'en obtenir un second, et j'en profitai. On donnait ce jour-là un grand dîner, où, pour la première fois, je vis avec beaucoup d'étonnement le maître d'hôtel servir l'épée au côté et le chapeau sur la tête. Par hasard on vint à parler de la devise de la maison de Solar, qui était sur la tapisserie avec les armoiries : *Tel fiert qui ne tue pas*. Comme les Piémontais ne sont pas pour l'ordinaire consommés dans la langue française, quelqu'un trouva dans cette devise une faute d'orthographe, et dit qu'au mot *fiert* il ne fallait point de *t*.

Le vieux comte de Gouvon allait répondre ; mais ayant jeté les yeux sur moi, il vit que je souriais sans oser rien dire : il m'ordonna de parler. Alors je dis que je ne croyais pas que le *t* fût de trop, que *fiert* était un vieux mot français qui ne venait pas du nom *ferus*, fier, menaçant, mais du verbe *ferit*, il frappe, il blesse ; qu'ainsi la devise ne me paraissait pas dire : Tel menace, mais *tel frappe qui ne tue pas*. Tout le monde me regardait et se regardait sans rien dire. On ne vit de la vie un pareil étonnement. Mais ce qui me flatta davantage fut de voir clairement sur le visage de Mlle de Breil un air de satisfaction. Cette personne si dédaigneuse daigna me jeter un second regard qui valait tout au moins le premier ; puis, tournant les yeux vers son grand-papa, elle semblait attendre avec une sorte d'impatience la louange qu'il me devait, et qu'il me donna en effet si pleine et entière et d'un air si content, que toute la table s'empressa de faire chorus. Ce moment fut court, mais délicieux à tous égards. Ce fut un de ces moments trop rares qui replacent les choses dans leur ordre naturel, et vengent le mérite avili des outrages de la fortune. Quelques minutes après, Mlle de Breil, levant derechef les yeux sur moi, me pria, d'un ton de voix aussi timide qu'affable, de lui donner à boire. On juge que je ne la fis pas attendre ; mais en approchant je fus saisi d'un tel tremblement, qu'ayant trop rempli le verre, je répandis une partie de l'eau sur l'assiette et même sur elle. Son frère me demanda étourdiment pourquoi je tremblais si fort. Cette question ne servit pas à me rassurer, et Mlle de Breil rougit jusqu'au blanc des yeux. »

Rousseau, *Confessions*, livre III.

Dérision et caricature de l'érudition ou le gai savoir de Molière

Nombreuses et diverses sont dans le théâtre de Molière les figures qui, à l'image des Diafoirus, Purgon ou Bonnefoi, incarnent la caricature et la dérision du savoir. Inspirées par la tradition de la farce et de la *commedia dell'arte*, elles apparaissent dès les premières pièces de notre auteur et traversent toute son œuvre.

Le docteur Bolonais

Le front et le nez masqués, les joues barbouillées de rouge, le pédant de la tradition de la *commedia dell'arte* s'appelle le Docteur, dit Bolonais parce que né à Bologne. À la fois par son comportement et son langage, il rappelle le pédant de la comédie classique. Son galimatias consiste en un déconcertant mélange de dialecte bolonais et de citations latines défigurées. Avec cette figure du docteur, dont l'érudition tourne à vide, loin du concret de la vie quotidienne, la *commedia dell'arte* exprime une **dénonciation satirique de l'humanisme**, avec son cortège de clercs et de savants à la tête bien pleine.

Le pédant de la farce

Ainsi qu'en témoignent les premières œuvres attribuées à Molière, le pédant ridicule était également une figure traditionnelle de la farce. Désigné par son grade, comme dans la *commedia dell'arte*, le Docteur de la farce *La Jalousie du Barbouillé* apparaît comme une synthèse très représentative de cet emploi comique traditionnel. Aux questions pressantes du barbouillé en proie aux affres de la jalousie, il répond par un salmigondis de latin et de raisonnements déductifs qui finit par décourager son interlocuteur. Deux types de savoirs privilégiés alimentent son verbiage : la **philologie**, qu'il caricature en improvisant des étymologies fantaisistes, et l'**aristotélisme**, dont il utilise mécaniquement le système rationnel sans la moindre pertinence. En cela, ce personnage du

Docteur anticipe à la fois sur les deux docteurs, Pancrace et Marphurius, du *Mariage forcé* et sur le Maître de philosophie du *Bourgeois gentilhomme*. L'étalage d'érudition du docteur aristotélicien Pancrace est plus démesuré encore puisqu'il en vient à énumérer l'ensemble des disciplines qui composent le système du savoir chez Aristote (Organon). Quant au docteur pyrrhonien Marphurius, il doute de tout et proscrit toute certitude jusqu'à ce que son interlocuteur excédé lui administre une vigoureuse bastonnade, et retourne plaisamment contre le philosophe son propre doute systématique : « Vous ne devez pas dire que je vous ai battu, mais qu'il vous semble que je vous ai battu. » Voilà donc la certitude aristotélicienne et l'incertitude pyrrhonienne enveloppées dans une même dérision. Dernière figure de philosophe caricatural dans l'œuvre de Molière : le maître de philosophie. C'est un virtuose de la tautologie, son savoir se borne à proclamer avec suffisance que « tout ce qui n'est point prose est vers, et tout ce qui n'est point vers est prose ».

Le pédantisme littéraire

C'est avec *Les Précieuses ridicules*, et son fameux valet Mascarille, travesti en Marquis précieux, que se manifeste pour la première fois la caricature du pédantisme littéraire. Il s'agit essentiellement pour Molière de dénoncer les artifices d'un **snobisme de salon**. Nous découvrons dans cette pièce les Précieuses et leur Marquis s'extasiant devant un impromptu d'une atterrante médiocrité et exaltant sa prétendue subtilité. Le motif du **goût littéraire corrompu** devient un thème privilégié de Molière, puisque l'impromptu calamiteux de Mascarille est déjà une préfiguration du sonnet tout aussi désastreux d'Oronte dans *Le Misanthrope*, et plus encore de celui du bel esprit Trissotin qui suscite les louanges admiratives des femmes savantes.

Dans le contexte plus polémique encore de la querelle de *L'École des femmes* apparaît une autre incarnation, nullement caricaturale cette fois, du pédantisme suffisant :

l'auteur Lysidas de *La Critique de l'École des femmes*. À en juger par les réactions d'hostilité qu'a suscitées cette pièce, il semblerait que beaucoup d'auteurs (Corneille lui-même peut-être) et autres spécialistes de l'esthétique dramatique se soient reconnus dans ce critique hautain qui juge les œuvres des autres au nom des règles et du respect de l'orthodoxie.

Les juristes

L'avocat et le notaire sont les spécialistes du jargon juridique dans le théâtre de Molière. Dans *La Jalousie du Barbouillé*, l'avocat confronte son latin d'école au galimatias macaronique de Sganarelle, le valet déguisé en médecin. À ce duo de l'avocat et du faux médecin succéderont d'autres couples dans le théâtre de Molière : les deux docteurs philosophes, les deux médecins, les deux auteurs. La sottise de l'un répondant en écho à celle de l'autre, la confrontation de deux pédants crée un **effet de miroir** d'une redoutable efficacité satirique.

Le notaire de *L'École des femmes* apparaît comme une transposition du pédant de la farce. Il débite un galimatias inintelligible sans même se rendre compte que son interlocuteur Arnolphe ne l'a pas aperçu. De là un comique de situation typique de la farce. La caricature est nettement moins chargée avec le notaire du *Malade imaginaire* : M. Bonnefoi est moins un modèle de pédantisme qu'une figure d'hypocrisie, complémentaire de Béline dans la pièce.

Vrais et faux médecins

On trouve presque autant de faux médecins que de vrais dans le théâtre de Molière. Qu'il s'agisse des deux Sganarelle de *La Jalousie du Barbouillé* et du *Médecin volant* ou de Toinette, le médecin déguisé est toujours un reflet bouffon du vrai médecin. Ses références gratuites et intempestives aux autorités médicales de l'Antiquité, Hippocrate ou Galien, son latin de cuisine, ses parodies de diagnostic sont autant de procédés comiques qui mettent en lumière la **dérision du savoir médical**.

Au groupe de cinq vrais médecins dans *L'Amour médecin* répond, dans *Monsieur de Pourceaugnac*, le numéro de duettiste des deux médecins, auquel correspond, dans *Le Malade imaginaire*, celui des Diafoirus ; complété par la prestation en solo de M. Purgon ; mais c'est évidemment dans l'apothéose finale de la cérémonie de candidature que culmine la représentation caricaturale du milieu de la médecine. Dans cette parodie, quatre thérapies résument l'art médical : le lavement, la purge, la saignée, l'émétique. Même schématisme dans la pratique du diagnostic : le médecin prend le pouls, examine les urines et les selles, interroge le patient sur son alimentation. Si tel est bien le résumé du savoir médical, rien d'étonnant dès lors à ce que de simples serviteurs puissent faire illusion et passer sans difficulté pour de vrais savants. Il ressort de ce rapide examen que la médecine est bien aux yeux de Molière le type même de la fausse science.

Fonctions de la caricature du savoir

• **Fonction comique** : le docteur ou le médecin sont d'abord comiques par leur bizarrerie, leur étrangeté. Le ressort comique est ici celui de l'**absurdité** : absurdité d'un étalage gratuit et impertinent d'érudition, absurdité d'un savoir spécialisé inaccessible au sens commun, absurdité d'un jargon également inintelligible. Tout cela fait du savant de comédie un fantoche qui semble évoluer hors du monde. En outre, le mélange de sérieux et de bouffonnerie en fait un personnage éminemment **burlesque**.

• **Fonction idéologique** : comme la fête ou la farce, la comédie a pour ambition de mettre en lumière tout ce que le monde dit « sérieux » peut avoir de dérisoire, tout ce que la « vraie » vie peut avoir de théâtral. À travers ce double comique du savant, la comédie, renversant codes et valeurs par le déguisement et le travestissement, s'emploie à **désacraliser** l'autorité grandiloquente des pseudo-savants. Elle déstabilise ainsi nos certitudes, en même temps qu'elle nous invite à une leçon d'humilité.

• **Fonction dramatique** : loin de participer par son savoir à l'harmonie et à l'équilibre de la communauté sociale, le pédant, véritable antithèse du raisonneur, est une figure de **désordre** et de **dissonance**. Comme le ridicule, c'est un inadapté. Son érudition parasitaire l'empêche de communiquer normalement avec les autres. Il perturbe le dialogue et **dérègle** à ce point toute communication qu'il faut souvent le bâillonner ou le congédier brutalement pour mettre un terme à son interminable palabre.

Correspondances

- Molière, *La Jalousie du Barbouillé*, scène 2.
- Molière, *Le Mariage forcé*, scène 5.
- Molière, *Le Bourgeois gentilhomme*, acte II, scène 4.
- Molière, *Les Femmes savantes*, acte II, scène 6, v. 459-510.

Imagination et illusion : le jeu des masques

Aliénation et émancipation

Puissance trompeuse dans la tradition des moralistes, l'imagination, dans *Le Malade imaginaire*, est aussi bien puissance d'asservissement que force d'émancipation.

La maladie imaginaire d'Argan est **imagination maladive**. Elle est plus précisément une force aliénante en ceci qu'elle l'enferme dans un comportement monomaniaque et le rend étranger aux sentiments les plus naturels.

L'imagination est en revanche instrument libérateur dès lors qu'elle a pour mission de dévoiler les impostures, d'exalter les sentiments, de restaurer les liens naturels.

Ce sont là deux dimensions qui opposent les ridicules (Diafoirus, Purgon, Argan) totalement étrangers à tout imaginaire libérateur, au groupe solidaire des amoureux (Cléante, Angélique) et des esprits lucides et ironiques (Béralde, Toinette).

L'improvisation

La faculté d'improvisation solidarise les ennemis de la médecine. Cléante, habile improvisateur d'un opéra, trouve en Angélique une partenaire idéale. Juste après s'être sortie d'un embarras en improvisant un rêve, la voilà qui enchaîne tout aussi ingénieusement en donnant la réplique à son amant. On voit à quel point l'aptitude à improviser, en manifestant d'imprévisibles complicités, consolide le lien amoureux.

L'autre duo complice a tout autant de répondant. À Toinette qui improvise brillamment son personnage de faux médecin, Béralde donne la réplique en faisant jaillir de son imagination l'idée d'une cérémonie qui fera d'Argan un faux médecin. Ce sont là des correspondances subtiles qui montrent qu'au-delà de leurs intérêts explicites, les personnages se solidarisent par leur **aptitude au jeu et à la fantaisie**.

Pastiche et parodie

Tandis que le pastiche est l'imitation fidèle d'un style, d'une esthétique, la parodie, elle, est une imitation à vocation comique ou satirique: À la lumière d'une telle distinction, le statut de l'opéra de Cléante demeure problématique : il reproduit fidèlement l'intrigue type d'une pastorale et les caractéristiques du chant lyrique ; mais ne peut-on lire une intention parodique dans la plate répétition des « *je t'aime* » ou des « *plutôt mourir* » qui caricature le pathétique convenu de ce genre de spectacle ?

Nul doute en tout cas sur la dimension parodique de la fausse consultation médicale de Toinette. Avec une visible délectation, la servante amplifie jusqu'à la démesure l'arbitraire de la démarche médicale pour nous rendre sensibles aux absurdités de la médecine.

C'est une semblable tonalité que l'on trouve dans l'intermède de Polichinelle qui parodie l'amour galant. De même le latin de cuisine signalera-t-il la dimension parodique de la cérémonie finale.

Le travestissement

Ce stratagème est un facteur décisif de progression dramatique. Chaque travestissement occasionne une **péripétie** qui à son tour engendre des retournements de situation. Ainsi, c'est en se substituant au vrai maître de musique que Cléante parvient à franchir les obstacles qui le séparent d'Angélique. De même, le subterfuge du déguisement permet à Toinette d'intervenir providentiellement pour remplacer la perte douloureuse de M. Purgon tout en ternissant l'image de ce dernier (il ne figure pas sur le catalogue des grands praticiens, aux dires de ce nouveau venu). Enfin, c'est un ultime travestissement, celui d'Argan en faux médecin, qui constitue le dénouement de cette pièce.

La feinte

Subtile et très suggestive correspondance que celle qui associe ces deux **enfants de la comédie** que sont Argan et Louison dans une même feinte, à savoir la simulation de la mort. Pourtant, tandis que Louison ne contrefait la mort que par espièglerie d'enfant, Argan, lui, obéit à l'inspiration de Toinette. Autrement dit, à l'esprit de simulation, de jeu et de fantaisie inhérent à la nature enfantine s'oppose l'absence totale d'imagination d'Argan, le malade de l'imaginaire.

Autre différence importante, dramaturgique celle-là : les deux fausses morts d'Argan sont les deux péripéties qui conduisent au dénouement de cette pièce.

Un facteur d'évolution des caractères

En dépit des réserves qu'elle formule sur la mise en scène finale imaginée par Argan, Angélique est en fait **initiée à l'amour par le jeu**. À partir du moment où elle s'abandonne au **plaisir de la feinte**, où elle consent à l'ivresse du paraître, elle découvre dans un même élan la suavité de l'amour et celle du jeu. Le simulacre de chant, on le sait, est une déclaration d'amour détournée. L'expérience est d'autant plus délectable qu'en dupant les ridicules, elle associe la complicité des trompeurs à celle des amoureux. C'est cette découverte du plaisir qui fera d'Angélique une rebelle.

Autre initié par le jeu et l'illusion : Argan. Grâce à l'ingéniosité de Toinette, il apprend que le faux est le révélateur du vrai. En quelques instants, voilà dissipé l'aveuglement qui l'empêchait de voir le mal en Béline et le bien en sa fille. Décidément, le jeu apparaît bien comme la seule **thérapie** efficace.

Le triomphe de la comédie

L'acte III du *Malade imaginaire* consacre le triomphe de la fête et du divertissement. Certes, une telle apothéose paraît conforme aux orientations idéologiques de la **monarchie-spectacle** du Roi-Soleil, pour qui l'illusion et le paraître sont les vertus maîtresses de la représentation et de l'exercice du pouvoir.

Plus profondément, c'est un certain renouvellement de l'inspiration comique de Molière qui semble se manifester ici. La fête et la dérision sont le dernier mot de la comédie. En cela elles s'offrent comme le seul **message moral** de la pièce. Renonçant à corriger les vices de son frère, Béralde choisit d'acclimater sa folie aux tourbillons de la fête, et de faire ainsi triompher la comédie.

Correspondances

- Molière, *Les Précieuses ridicules*, scène 9. MASCANILLE : de « que vous semble de ma petite-oie » à « il est écorché depuis la tête jusqu'aux pieds. »
- Molière, *Le Médecin volant*, scène 4. SABINE : de « Je vous trouve à propos, mon oncle pour vous apprendre une bonne nouvelle » à SGANARELLE : « Qu'on la fasse encore pisser. »
- Molière, *Le Médecin malgré lui*, acte II, scène 4. GÉRONTE : de « Enfin, Monsieur, nous vous prions d'employer tous vos soins pour la soulager de son mal » à GÉRONTE : « Ah ! Que n'ai-je étudié. »
- Molière, *Amphitryon*, prologue, v. 76-108.

*Caricature d'un malade imaginaire par Honoré Daumier (1808-1879).
Bibliothèque nationale, Paris.*

Principales mises en scène et adaptations

C'est une évidence : *Le Malade imaginaire* n'a pas, comme les autres comédies célèbres *(L'École des femmes, Le Tartuffe, Dom Juan, Le Misanthrope)*, inspiré les metteurs en scène modernes. Ni Louis Jouvet, ni Jean Vilar, ni, plus près de nous, Roger Planchon ou Antoine Vitez ne se sont intéressés à cette comédie. À l'exception d'une mise en scène de Daniel Sorano au TNP en 1957, seule la Comédie-Française a régulièrement proposé *Le Malade imaginaire* dans des mises en scène traditionnelles, de Robert Manuel (1958) à Jean Le Poulain (1979) en passant par Jacques Charon.

Le comédien Michel Bouquet a donné du rôle d'Argan une interprétation saisissante dans une mise en scène de P. Boutron (1987). En 1991, Gildas Bourdet monte la pièce à la Comédie-Française avec Jean-Luc Bideau dans le rôle-titre. Deux ans plus tard, Marcel Maréchal interprète Argan pour la deuxième fois au théâtre de la Criée à Marseille.

Enfin, l'intérêt suscité par la redécouverte des interprétations baroques de la musique du Grand Siècle, la réhabilitation des mises en scène fastueuses sont autant de facteurs qui incitent à monter la pièce dans son intégralité avec la musique et la chorégraphie. C'est ce qu'a fait Jean-Marie Villegier au Châtelet, théâtre musical de Paris (1990).

Jugements critiques

Mauvais médecins et bonne médecine

« Molière attaque les mauvais médecins par deux pièces fort comiques dont l'une est *Le Médecin malgré lui* et l'autre *Le Malade imaginaire*. On peut dire qu'il se méprit un peu dans cette dernière pièce et qu'il ne se contint pas dans les bornes de la comédie ; car au lieu de se contenter de blâmer les mauvais médecins, il attaqua la médecine en elle-même, la traita de science frivole et posa pour principe qu'il est ridicule à un homme d'en vouloir guérir un autre […]. Il n'a pu trop maltraiter les charlatans et les ignorants médecins, mais il devait en demeurer là et ne pas tourner en ridicule les bons médecins que l'Écriture même nous enjoint d'honorer. »

Charles Perrault, *Les Hommes illustres qui ont vécu en France pendant ce siècle*, 1696.

Louison

« Du reste, si, nous autres modernes, nous voulons apprendre à bien diriger nos efforts pour réussir au théâtre, Molière est l'homme auquel nous devons nous adresser. Connaissez-vous son *Malade imaginaire* ? Il y a là-dedans une scène, qui, toutes les fois que je lis cette pièce, se montre à moi comme le symbole d'une connaissance parfaite des planches : je veux parler de celle où le malade interroge sa petite fille Louison pour savoir d'elle si un jeune homme ne s'est pas trouvé dans la chambre de sa sœur aînée.

Tout autre qui n'aurait pas entendu son métier aussi bien que Molière aurait fait à l'instant même et tout simplement raconter l'histoire par la jeune Louison et tout eût été fini.

Mais combien Molière, par une multitude de motifs qui retardent cette découverte, sait animer cet examen et impressionner le spectateur ! D'abord, la petite Louison affecte de ne pas comprendre son père ; ensuite elle nie qu'elle sache quelque chose, puis menacée de verges, elle tombe et fait la morte. Enfin, au moment où son père s'abandonne au désespoir, elle se relève de son évanouissement simulé avec un air qui respire à la fois la ruse et la gaîté et se décide à faire, peu à peu, des aveux complets. »

Goethe, *Entretiens avec Eckermann*, 1821.

Il faut jouer les intermèdes

« Maintenant nous demanderons pourquoi l'on ne joue pas tout Molière tel qu'il est imprimé, avec ses intermèdes de Polichinelles, de Trivelins, de Scaramouches, de Pantalons, et Matassins ? Nous regrettons fort tout ce monde bizarre et charmant qui traverse ses comédies avec des entrechats, des chansons et des éclats de rire, comme de folles lubies passant par une sage cervelle. Combien nous les aimons, ces bohémiens et ces Égyptiennes, qui dansent en s'accompagnant des gnacares ; — ces Mores extravagants, ces Basques et ces Poitevins exécutant des pas et des courantes ; — ces Espagnols et ces Italiennes chantant, dans leur langue sonore et flexible, l'éternelle complainte de l'amour ; — ces bergers et ces bergères qui, pour ne pas ressembler à ceux de Théocrite et de Virgile, n'en alternent pas moins agréablement le madrigal ! — Entre chaque acte d'une pièce de Molière, se trouve une petite pièce délicieuse qu'on coupe comme inutile. Quelle drôle de manière de respecter l'œuvre du plus grand homme que la nature ait produit ! »

Théophile Gautier,
Histoire de l'Art dramatique, 1858.

L'esthétique du grotesque

« Il faut l'avouer, la prodigieuse bonne humeur poétique nécessaire au vrai grotesque se trouve rarement chez nous à une dose égale et continue […]. Il faut mentionner quelques intermèdes de Molière, malheureusement trop peu lus et trop peu joués, entre autres ceux du *Malade imaginaire* et du *Bourgeois gentilhomme*, et les figures carnavalesques de Callot. »

Charles Baudelaire,
Curiosités esthétiques, 1868.

Un comédien analyse Argan…

« Argan est insupportable, il crie, court, se remue follement dans son fauteuil, il est bougon, colérique, plein de santé, comme le malade imaginaire. Il n'est pas neurasthénique… oh non ! il mange bien, boit sec, dort comme un sonneur… il a une idée fixe : la maladie, et il devient le pantin de cette maladie.
Le Malade imaginaire est une comédie de caractère admirable, touchant à la farce, et il est nécessaire d'être caractéristique et

drolatique dans le personnage d'Argan, pittoresque et pictural, plein de mouvement et de force. »

Coquelin Cadet, cité par Francisque Sarcey,
Quarante Ans de théâtre, t. II, 1900.

... Réponse d'un critique

« Comment Cadet ne voit-il pas ce qui depuis deux siècles a crevé les yeux de tous les critiques ou plutôt de tout le monde, qu'Argan est, en effet, et très réellement, un malade imaginaire, un hypocondriaque si l'on aime mieux et que Molière, par un coup de génie, a fait de lui un sanguin qui sursaute au moindre incident, s'irrite, s'emballe, jusqu'à ce qu'un mot lui rappelle qu'il est malade et très malade. Le comique de la pièce, un comique très profond, est tout entier dans le contraste incessamment renouvelé d'un égoïste, ramassé sur sa prétendue maladie, qui sacrifierait femme et enfants à sa santé et qui s'échappe sans cesse de cette contemplation où il vit par des à-coups de fureur que provoquent à plaisir ceux qui l'entourent. »

Francisque Sarcey,
Quarante Ans de théâtre, t. II, 1900.

Une prose parfaite

« De toutes les pièces de Molière, c'est décidément *Le Malade imaginaire* que je préfère ; c'est elle qui me paraît la plus neuve, la plus hardie, la plus belle — et de beaucoup. Si cette pièce était un tableau, comme on s'extasierait sur sa matière. Molière, lorsqu'il écrit en vers, s'en tire à coups d'expédients ; il connaît maints menus trucs pour satisfaire aux exigences de la mesure et de la rime. Mais, malgré sa grande habileté, l'alexandrin fausse un peu le ton de sa voix. Elle est d'un naturel parfait dans *Le Malade* (et dans *Le Bourgeois*). Je ne connais pas de prose plus belle. Elle n'obéit à aucune loi précise ; mais chaque phrase est telle que l'on n'en pourrait changer, sans l'abîmer, un seul mot. Elle atteint sans cesse une plénitude admirable ; musclée comme les athlètes de Puget ou les esclaves de Michel-Ange et comme gonflée, sans enflure, d'une sorte de lyrisme de vie, de bonne humeur et de santé. Je ne me lasse pas de la relire et ne tarirais pas à la louer. Je relis, sitôt ensuite, *Le Bourgeois*. Si belles et sages que soient certaines scènes, un volontaire étirement des dialogues me laisse, par comparaison, admirer d'autant plus le grain serré de l'étoffe du *Malade*, si solide, si épaisse, si drue. Et quelle solennité, quel *schaudern* donne à chaque scène le contact secret avec la mort. C'est avec elle que tout se joue ; l'on se joue d'elle ; on la fait entrer dans la danse. »

André Gide,
Journal, 1ᵉʳ et 2 juillet 1941, Gallimard.

Molière et l'autodérision

« Même s'il y a dans ces pages une réalité cruelle, même si, comme on l'a dit maintes fois, Molière pensait à son propre cas lorsqu'il créait le personnage d'Argan, le fait même qu'il ait raillé et ridiculisé Argan démontre son état d'esprit, sa volonté de neutraliser et de faire tourner court, dans un vaste éclat de rire, des sentiments et des passions qui mènent à grands pas au tragique. Molière, en riant lui-même, a voulu qu'on en rie. »

Pierre Valde,
Le Malade imaginaire, Le Seuil, coll. « Mises en scène », 1946.

Une satire de la scolastique

« Il croit à la circulation du sang, il croit à la raison, il croit "aux découvertes de notre siècle". Voilà, à bien le prendre, l'exacte portée du *Malade imaginaire* et voilà par où il se rattache au projet d'une comédie dirigée contre la Faculté de théologie. Cette terrible satire, en effet, ne tombe pas seulement sur le corps médical, sur ses routines, son respect des formalités, son ignorance prétentieuse. Elle ne tombe pas seulement sur la médecine. Elle atteint, elle enveloppe la scolastique, la philosophie officielle, l'aristotélisme des Facultés. »

Antoine Adam, *Histoire de la littérature française au XVIIᵉ siècle*,
t. II, Albin Michel, 1997.

Farce et comédie

« *Le Malade imaginaire* n'est après tout qu'une comédie-ballet en trois actes. La dernière pièce de Molière a toutes les apparences d'une pièce secondaire. Il a bâti son intrigue à peu de frais, se contentant de reprendre un schéma qui lui a déjà beaucoup servi, commun aux grandes comédies et aux farces : un père veut marier sa fille contre son gré à l'homme qui flatte son idée fixe ou son vice : un dévot, un gentilhomme, un médecin. Il reprend, à peine retouchées, des scènes entières de pièces antérieures. Et la cérémonie finale répète, sous une autre forme, la cérémonie turque du *Bourgeois gentilhomme*. Jeux de tréteaux, jeux de masques, "le carnaval autorise cela". [...]

[Mais] la dernière pièce est la première à atteindre la grande comédie au cœur de la farce et, plus rare encore, la farce au cœur de la grande comédie. »

Alfred Simon,
Molière. Qui êtes-vous ?, la Manufacture, 1987.

« Puisque décidément il n'y a remède, et qu'Argan ne veut point se rendre à la comédie, il ne reste plus à la comédie qu'à se rendre à Argan, c'est-à-dire à *s'accommoder à ses fantaisies*. Argan ne peut point se passer d'un médecin ? Il ne consentira au mariage de sa fille avec Cléante qu'à condition que ce dernier devienne un autre Thomas Diafoirus ? Qu'à cela ne tienne. Sans plus songer à le raisonner, à le corriger ou à le rendre plus sage, la comédie entre, d'une façon charitable et toute fraternelle, dans son jeu : ce n'est pas le jouer, dit à peu près Béralde, c'est lui faire plaisir. Elle fait d'Argan lui-même un médecin, elle l'installe solennellement et définitivement dans sa folie. Et ce n'est qu'à partir du moment où le monde d'Argan et le monde de la comédie se rejoignent et se fondent en un tout harmonieux que le bonheur et la joie deviennent réellement possibles. Non seulement pour les amants qui, n'ayant plus à combattre l'obstination d'un père, ne voient plus désormais d'obstacle à leurs désirs. Non seulement pour la petite société qui gravite autour d'Argan, et qui fait de la folie de ce dernier un prétexte à jeu et à divertissement — "Tout ceci n'est qu'entre nous", dit Béralde, en l'occurrence parfait *ludimagister*. "Nous y pouvons aussi prendre chacun un personnage, et nous donner ainsi la comédie les uns aux autres. Le carnaval autorise cela. Allons vite préparer toutes choses" (III, 14). Mais aussi, et surtout, pour Argan, à qui la comédie permet, d'ailleurs sans qu'il le sache, mais non sans que nous, spectateurs et complices, le sachions, d'accepter et d'assumer sa condition d'homme, de surmonter sa peur et son angoisse. Et ce qu'au fond Molière cherche ici à nous dire, c'est qu'il n'y a pour l'homme de paix et de bonheur possibles que dans la mesure où, ayant clairement pris conscience du monde et de soi, de sa nature et de ses limites, il accepte d'être ce qu'il est, de jouer dignement son personnage, et dûment, jusqu'à ce que, comme le dit Érasme, le chorège le renvoie définitivement de la scène. Et que, s'il n'est pas lui-même capable d'atteindre à ce niveau souhaitable de conscience et de sagesse joyeuse, le rire, la comédie sont là pour l'aider à se guérir de son aveuglement et à se libérer. »

Gérard Defaux,
Molière ou les métamorphoses du comique, Klincksieck, 1992.

Machine de théâtre inventée par d'Hermand. Gravure non datée.
Bibliothèque nationale, Paris.

Les formes de comique

Formes de comique	Moyens	Genres
Comique de mots	Le rire est suscité par des répétitions ou des inventions verbales, des jeux de mots, des accumulations, du galimatias, des déformations de mots, accents, patois, etc.	Farce
Comique de gestes	Gifles, chutes, coups de bâton, bataille, disputes, poursuites, mais aussi mimiques, déplacements, jeux de scènes (déguisements ou personnages cachés), etc.	Farce
Comique de situation	Il est engendré par les circonstances de l'intrigue. *Ex.* : quiproquo, malentendu, rencontres imprévues, trompeur trompé, tout ce qui place un personnage dans une situation qu'il ne contrôle pas.	Comédie d'intrigue
Comique de mœurs	Comique suscité par les travers d'une classe sociale, d'un milieu, d'une époque.	Grande comédie
Comique de caractère	Comique suscité par le tempérament et le comportement d'un individu.	Grande comédie

Lexique

Acte de langage
C'est l'acte qu'on accomplit en disant quelque chose, oralement ou par écrit. *Ex*. : l'expression « je jure » accomplit l'acte du serment.

Antiphrase
Procédé qui consiste à dire le contraire de ce que l'on pense.

Antithèse
Procédé qui consiste à mettre en relation des mots de sens opposés.

Champ lexical
Ensemble de mots qui renvoient à une même notion.

Clientélisme
Système dans lequel les auteurs sont placés sous la protection d'un mécène.

Dénouement
Élimination, dans la dernière scène, de la dernière péripétie ou du dernier obstacle.

Didascalie
Tout ce qui n'est pas dialogue dans une pièce de théâtre : titres, découpages, liste de personnages, indications concernant le ton, la gestuelle, etc.

Dramatique
Relatif à l'action théâtrale.

Dramaturgie
Art de la composition dramatique (choix des personnages, de leurs interventions, de leur absence ou de leur présence, découpage des actes, des scènes, durée de l'exposition, type de dénouement, etc.).

Emploi
Ensemble des rôles qui présentent des profils de caractères constants d'une pièce à l'autre. *Ex.* : l'emploi du jeune premier, de la coquette, de l'ingénue, de la servante, du confident, du pédant, du barbon, etc.

Exposition
Distincte du nœud et du dénouement, c'est la première étape de la pièce qui comporte l'ensemble des informations indispensables pour comprendre l'action dramatique. Elle ne doit pas dépasser l'acte I.

Farce
Brève comédie médiévale qui mettait en scène des personnages et des situations stéréotypés : le scénario de l'infidélité conjugale par exemple, avec le mari benêt, la femme rouée, etc. Les procédés comiques de la farce reposaient toujours sur les mêmes recettes : bastonnades, poursuites et jeux de mots gaulois.

Gradation
Juxtaposition de mots d'une intensité croissante ou décroissante.

Homéotéleute
Répétition d'une même sonorité en fin de mot (rime pour un texte en prose). *Ex.* : bradypeps<u>ie</u>, dyspeps<u>ie</u>, apeps<u>ie</u>, lienter<u>ie</u>, etc.

Hyperbole
Expression exagérée.

Impromptu
Courte pièce écrite improvisée. Ce genre d'écrit était particulièrement goûté dans les salons précieux.

Intrigue
Ensemble des événements qui se succèdent dans l'action dramatique.

Macaronique
Caractérise un jargon qui mêle le latin et la langue maternelle.

Monologue
Discours qu'un personnage s'adresse à soi-même.

Monomanie
Manie obsessionnelle. Chez Molière, chaque bourgeois ridicule se signale par une monomanie accentuée.

Mot-valise
Mot obtenu par agglutination de deux mots. *Ex.* : « Constipassion : amour timide qui n'arrive pas à se

déclarer » (Alain Finkielkraut, *Ralentir : mots-valises*, Le Seuil, 1979).

Nœud

Situé entre l'exposition et le dénouement, c'est l'ensemble des péripéties et des obstacles qui seront dénoués dans la dernière scène.

Parastase

Répétition insistante d'une même pensée.

Parodie

Imitation burlesque d'un style, d'un genre littéraire, d'une situation, d'un individu, etc., avec intention moqueuse.

Pastorale

Pièce mettant en scène des personnages de bergers et de bergères qui évoluent dans un espace bucolique.

Pédantisme

Étalage gratuit et prétentieux que fait quelqu'un de sa culture ou de son érudition.

Péripétie

Élément exclusif du nœud, c'est un retournement de situation qui modifie la situation des personnages et fait progresser l'action.

Pièces à machines

Pièces à sujets mythologiques dans lesquelles une divinité pouvait intervenir dans le monde des humains en descendant du ciel. L'acteur représentant la divinité était suspendu à une corde et descendait du plafond du théâtre grâce à un mécanisme de poulies. De là l'expression *Deus ex machina* qui signifie « la divinité descendant à l'aide de la machine ».

Pléonasme

Répétition fautive d'une même idée. *Ex.* : monter en haut.

Principe de coopération

Les sujets qui communiquent doivent s'efforcer « de ne pas bloquer l'échange, de faire aboutir l'activité discursive » (Maingueneau, *Pragmatique pour le discours littéraire*, Bordas).

Quiproquo

Malentendu qui amène à commettre une erreur sur l'identité d'une personne. *Ex.* : Angélique pensant que le prétendant dont lui parle Argan est Cléante.

Règle des trois unités

Dans l'esthétique classique de la tragédie ou de la comédie, l'action dramatique doit comporter une action principale (unité d'action) et se dérouler en vingt-quatre heures (unité de temps) dans un espace unique (unité de lieu).

Satire

Dénonciation railleuse des travers d'un individu, d'un groupe, d'une époque, etc. Elle a le plus souvent une fonction polémique.

Synonymie

Répétition d'une même notion.

Bibliographie

Molière et son œuvre

Patrick Dandrey, *Molière ou l'esthétique du ridicule*, Klincksieck, 1992.

Gérard Defaux, *Molière ou les métamorphoses du comique*, Klincksieck, 1992.

Georges Forestier, *Molière*, Bordas, coll. « En toutes lettres », 1990.

René Jasinski, *Molière*, Hatier, coll. « Connaissance des lettres », 1969.

Georges Mongrédien, *La Vie quotidienne des comédiens au temps de Molière*, Hachette, coll. « la Vie quotidienne », 1966.

Alfred Simon, *Molière*, Le Seuil, coll. « Écrivains de toujours », 1957.

Alfred Simon, *Molière, une vie*, la Manufacture, 1987.

La médecine au temps de Molière

François Millepierres, *La Vie quotidienne des médecins au temps de Molière*, rééd. Le Livre de Poche, n° 5809.

Molière et son temps

Les Miroirs du Soleil - Littérature et Classicisme au siècle de Louis XIV, de Christian Biet, Gallimard, coll. « Découvertes », n° 58, 1989.

Le Théâtre, sous la direction de D. Couty et A. Rey, Bordas.

Le Théâtre en France, sous la direction de Jacqueline de Jomaron, « La pochothèque », 1992.

La comédie-ballet

Charles Mazouer, *Molière et ses comédies-ballets*, Klincksieck, 1993.

Filmographie

Molière ou la Vie d'un honnête homme, d'A. Mnouchkine, diffusé par les Artistes associés et Antenne 2, Polygram Vidéo, 1978.

Le Malade imaginaire, vidéocassette, avec J. Charron (Argan), F. Seigner (Toinette), C. Hiégel (Angélique), B. Dautun (Béline), Coll. « Comédie française », Hachette vidéo / Film office.

Discographie

La musique du *Malade imaginaire*

Charpentier-Molière, *Le Malade imaginaire*, C.D. Marc Minkowski et les Musiciens du Louvre, coll. « Musifrance-Érato » (Radio-France), 1990.

Charpentier-Molière, *Le Malade imaginaire*, C.D. Les Arts florissants, William Christie (Théâtre musical du Châtelet), Harmonia Mundi, 1990.

CRÉDIT PHOTO : p. 7,,"Ph. Luc Joubert. © Archives Larbor. / T." • p. 17,,"Ph. Coll. Archives Larbor." • p. 30,,"Et reprise page 8. Ph. © Giraudon. / T." • p. 42,,"Ph. © Roger-Viollet. / T." • p. 68,,"Ph. © Vincent Fournier. / Enguérand. / T." • p. 80,,"Ph. © Lauros- Giraudon. / T." • p. 106,,"Ph. © Lauros-Giraudon. / T." • p. 131,,"Ph. © Marc Enguérand. / T." • p. 143,,"Ph. © Achives Larbor. / T." • p. 185,,"Ph. © Jacques Morell. / Kipa. / T." • p. 211,,"Ph. © Bernand. / T." • p. 217,,"Ph. © Bernand. / T." • p. 243,,"Ph. © Lauros-Giraudon. / T." • p. 251,,"Ph. Coll. Archives Larbor."

Direction de la collection : Chantal LAMBRECHTS.
Direction artistique : Emmanuelle BRAINE-BONNAIRE.
Responsable de fabrication : Jean-Philippe DORE.
Textes révisés par Patricia GUEDOT.

Compogravure : P.P.C. - Impression MAME n° 03122173. Dépôt légal 1re édition : août 199
Dépôt légal : Février 2004 - N° de projet : 10111715 . Imprimé en France (Printed in Franc